DER AUTORENGUIDE

Ein Reiseführer für Selfpublisher

JOHANNES ZUM WINKEL

3. Auflage, Februar 2020

Inhalt

EINS

Ein Reiseführer für Selfpublisher

Im Jahre 2011 öffnete Amazon seine Kindle-Plattform für selbstpublizierende Autoren auch in Deutschland. Seither sind neun Jahre vergangen, in denen das Berufsbild des „Selfpublishers“ entstand: Eines Autors, der seine Geschichten selbst für seine Leserschaft veröffentlicht. Mit diesem Ratgeber gebe ich Selfpublishern einen Wegweiser in die Hand, der zu mehr Lesern und damit mehr Erfolg im eBookmarkt führen kann.

In dieser **dritten Auflage vom Februar 2020** wurden Beispiele ergänzt, einige Passagen erweitert, Zahlen aktualisiert und Fehler bereinigt. Vor allem das Kapitel zu „Amazon Advertising“ wurde aktualisiert. Selbstverständlich ist der Autorenguide keine Sammlung von Blogartikeln, sondern wurde von mir als eigenständiger Ratgeber geschrieben, der nur als eBook oder gedrucktes Buch erhältlich ist.

Seit Anfang 2012 habe ich über meine Webseiten xtme.de und buchregen.de mehr als fünftausend Werbeaktionen für eBooks durchgeführt. Da gab es gigantische Erfolge und krachende Debakel. Manche Autoren starteten raketengleich, manche kämpften über Jahre um einen Platz an der Sonne. Es gab „Einmalwunder", stetig wachsende oder sinkende Verkaufsmengen; Autoren, die frustriert das Schreiben aufgaben — und immer wieder neue, erfolgreiche Karrieren.

Ich habe in diesen Jahren hunderte Autoren beraten. Viele Bücher konnten dadurch aus dem „Nirwana", dem tiefsten Dunkel des Shops, auftauchen und endlich ihre Leser finden. Bei vielen Büchern wurde aber auch klar, dass die erzählte Geschichte die anvisierten Leser nicht abholen kann. Wurde hier das falsche Publikum angesprochen? Oder hat hier Amazon als Verkaufsplattform versagt?

Oft reichte ein Blick in die Leseprobe eines Werkes. Wie bei jedem Beruf muss auch beim Schreiben das handwerkliche Niveau erlernt werden, das die eigenen Produkte wettbewerbsfähig und Leser glücklich macht. Der Kontakt mit einem kritischen Leser kann schmerzhaft sein! Nur der Autor, der aus diesem Leserkontakt lernt und sich weiter entwickelt, kann auf Dauer ein Lesepublikum an sich binden.

Kann aus dieser Erfahrungsmenge eine Formel abgeleitet werden, die eindeutig zum Erfolg führt? Eine „Bestsellerformel", die alle Fragen beantwortet? Ein Rezept, das einfach nachzukochen ist und Sie im Handumdrehen zum Sternekoch macht?

Niemals! Denn das Lesepublikum sucht und findet in Bestsellern Emotionen. Und Emotionen lassen sich nicht in eine Formel packen.

Eigentlich schon. Denn so mancher Autor schafft es immer wieder, genau diese Emotionen beim Lesepublikum zu erzeugen – und damit gezielt und wiederholt Bestseller zu schreiben.

Das Geheimnis der „Bestsellerformel" liegt

darin, dass Sie als Autor Ihre eigene finden müssen. Ich kann Ihnen allenfalls den Weg dorthin aufzeigen.

Wo keine Leser sind, wird auch kein Buch verkauft Gibt es für eine Geschichte keinen Markt, wird kein Marketing und keine Werbung fruchten

Anders ist es bei Titeln, für die ganz augenscheinlich ein Markt lesehungriger Käufer existiert.

Wie kann man mit dem eigenen Buch diese Leserkreise erreichen?

Warum findet ein Autor mit seinen Werken scheinbar mühelos immer wieder in die Bestsellerlisten?

Warum verkauft ein anderes, mindestens genauso gutes Buch nur wenig oder gar nicht?

Wie Sie herausfinden, ob es für Ihre Bücher einen Markt gibt; und wie sie diesen erreichen können, lesen Sie in diesem Autorenguide.

Amazon hat mit seiner Kindle-Plattform einen Marktplatz zur Verfügung gestellt. Autoren können auf diesem Marktplatz ihre Werke anbieten. Leserinnen und Leser finden dort Bücher, die sie gerne lesen möchten.

Auf dem Kindle-Marktplatz werden nur die Bücher verkauft, die von Lesern gefunden und als lesenswert erkannt werden.

Amazon ist nicht daran interessiert, ausgerechnet Ihr Buch erfolgreich zu verkaufen. Amazon legt Wert darauf, dass seine Kunden Bücher finden, die sie gerne lesen. Denn nur so kann Amazon seinen Marktanteil auf dem Buchmarkt insgesamt festigen und ausbauen.

Im Mittelpunkt unserer Gedanken sollen also immer Leserin und Leser stehen. Sie lesen Ihre Geschichten, sie bewerten Ihre Bücher und sie bezahlen das Geld, das Ihnen als Autor zugute kommt. Da die Käufer von eBooks laut Umfragen überwiegend weiblich sind – laut einer GFK-Studie von 2015 machen Frauen 63 % der eBook-Käufer aus; gleichzeitig lesen Frauen laut Stiftung Lesen durchschnittlich mehr Bücher als Männer – habe ich mich entschlossen, in der Folge von der „Leserin" zu sprechen, wenn ich „Leserinnen und Leser" meine.

Zur Illustration und Auflockerung habe ich in diesen Ratgeber viele Beispiele eingefügt. Diese Beispiele entstammen aus Beratungsgesprächen, die ich in den letzten Jahren geführt habe. Ich habe Namen und Details verändert, um keine Rückschlüsse auf tatsächliche Abläufe zuzulassen. Wer sich selbst erkennen sollte, möge mir verzeihen, dass ich seine Erfahrungen hier präsentiere. Diese Beispiele dienen dem guten Zweck, Kollegen zu motivieren, zu informieren und zu warnen.

Lorettas neues Buch, das dritte in einer Reihe dramatischer Thriller, verkauft sich trotz Werbekampagne schon wieder nicht! Nach einem kurzen Anfangserfolg fällt der Titel täglich um tausend Rangpositionen ab. Verzweifelt fragt sie in die Runde: Sollte sie vielleicht doch ein anderes Cover in Erwägung ziehen? Einen anderen Titel für das Buch wählen? Einen neuen Klappentext schreiben?

Die Antworten kommen schnell. Ein Coverwechsel zu diesem Zeitpunkt würde das Lesepublikum verwirren. Das Nacheifern anderer Autoren, die stumpf dem Mainstream folgen, sei Gift für die eigene Kreativität! Der Aufstieg zum Bestsellergipfel ist und bleibt steil, Loretta sollte nicht so schnell die Flinte ins Korn werfen. Sie wird es schaffen!

Loretta fühlt sich bestärkt. Auch andere Bestsellerautoren mussten in ihren Anfängen kämpfen! Doch wenn sie ihren Kontostand betrachtet, sinkt ihr Mut. Ob sie sich doch wieder einen Brotjob suchen soll?

Einen Autorennamen am Lesermarkt zu etablieren kostet Kraft, Geld und Zeit. Treffen Sie dabei mit Ihrem Werk den Geschmack des Leserpublikums, wird Ihre Arbeit Früchte tragen.

Kümmern Sie die Wünsche der Leserschaft allerdings wenig, werden Sie mit größter Wahrscheinlichkeit Schiffbruch erleiden. Denn nur ein Autor, der sein Publikum kennt und geschickt zu unterhalten, zu erschrecken, zu lehren oder emotional zu fesseln weiß, wird Erfolg haben! Sollten Sie nicht bereit sein, von ihren eigenen Überzeugungen abzurücken und lesen diesen Text gerade in der Leseprobe, sollten Sie einen anderen Ratgeber in Erwägung ziehen.

Die billigste Form, Menschen zu motivieren, ist, sie in ihrem blinden Tun zu bestärken. „Gehe weiter deinen Weg, lass dich nicht beirren, gib nicht auf, du wirst erfolgreich sein …“

Diese Form des Coachings erzeugt beim Berater und seinem Klienten zwar ein wohliges Gefühl von Verständnis und Geborgenheit — doch ob allein dadurch mehr Leserinnen aktiviert werden können, wage ich zu bezweifeln.

Ich bin überzeugt, dass unter den Hunderttausenden von eBooks, die in den tiefen Kellern der Shops schlummern, viele potentielle Bestseller versteckt sind. Bücher, auf die tausende Leserinnen warten. Bücher, die es verdient hätten, gelesen zu werden. Bücher, die sich hinter wenig attraktiven oder unpassenden Covern verstecken, durch seltsame Titel verwirren und mit ihren ungeschickt oder abweisend formulierten Klappentexten abschrecken.

Das Lesepublikum will umworben sein! Zeigen Sie der Leserin die kalte Schulter, wird sie Ihr Buch nicht lesen.

Unter den Hunderttausenden von eBooks, die in den Kellern des Shops schlummern, gibt es auch Geschichten, für die es kein Lesepublikum gibt.

Es ist sicher schmerzhaft, wenn ich einen Autor darauf hinweisen muss, dass das Pferd, das er zu reiten versucht, ganz augenscheinlich tot ist. Das hört niemand gerne, der sich mit seinem Reittier ausgiebig und liebevoll beschäftigt hat.

Aber wenn Sie tatsächlich Ihr Ziel erreichen wollen, werden Sie sich ein gesundes Pferd zulegen müssen, das laufen kann. Und zwar ausdauernd und schnell!

ZWEI

Eine Branche im Umbruch

Viele Jahrhunderte lang konnten nur wenige Autoren ihre Bücher selbst veröffentlichen. Das lag daran, dass Bücher teuer gesetzt, gedruckt und an Buchhandlungen geliefert werden mussten. Nur finanzstarke Autoren konnten sich an den Verlagen vorbei auf die Reise machen; Autoren wie Leo Tolstoi oder Friedrich Schiller riskierten hohe Schulden, um ihre Werke zu veröffentlichen.

Im „Verband deutscher Schriftstellerinnen und Schriftsteller" waren laut Wikipedia im Jahr 2016 dreitausendsechshundert Autoren eingetragen; damals durften nur Autoren, die über einen klassischen Verlag veröffentlichen, dort Mitglied werden. Laut Aussage des Verbandes konnten etwa hundert dieser Schriftsteller vom Schreiben leben – die übrigen gingen „zusätzlich einem Brotberuf nach", wie es auf der Website des Verbandes so schön heißt.

Keine besonders lukrative Branche, möchte man meinen. Doch der deutsche Buchmarkt erreichte laut Buchreport 2016 einen Gesamtumsatz von mehr als neun

Milliarden Euro! Offensichtlich kam von diesem Geld nur sehr wenig bei den Autoren an.

Es ist also kein Wunder, dass immer mehr Autoren sich vom „Selfpublishing" neue Chancen versprechen. Namen erfolgreicher „Indies" wie Hanni Münzer, Catherine Shepherd, Nika Lubitsch, Mella Dumont, Marcus Hünnebeck, Salim Güler oder Poppy J. Anderson werden genannt, Erfolgsgeschichten weitererzählt.

„Self Publishing Portale" wie Kindle KDP oder Tolino Media ermöglichen inzwischen jedem Autor, Hunderttausende von potentiellen Leserinnen zu erreichen.

Und tatsächlich finden immer wieder neue Autoren ihren Weg in die Bestsellerlisten von Amazon. Auch ein Autor, der in der Kindle „Midlist" zwischen den Rängen fünfhundert bis zweitausend einige Bücher platzieren kann, kann damit durchaus zwei- bis dreitausend Euro im Monat verdienen; rechnet man das hoch, kann man davon ausgehen, dass allein über Kindle KDP etwa dreihundert Autoren von ihrer Schreibe leben könnten; und viele weitere ein mehr als gutes Taschengeld nebenbei verdienen. Das sind drei mal so viele wie im Milliardengeschäft des klassischen Buchhandels!

Doch bevor Sie jetzt denken, im eBook-Markt sei leicht und schnell viel Geld zu machen: Übereinstimmend schätzt man, dass es in Deutschland siebzigtausend potentielle Selfpublisher gibt. Die Konkurrenz ist also groß und wächst stetig.

Außerdem sind die „goldenen Zeiten" vorbei, in denen ein schnell zusammengedrechseltes eBook über Nacht und ohne weiteres Zutun des Autors in den Olymp der Top Hundert vordringen konnte.

Speziell für Selfpublisher arbeitet inzwischen ein Heer professioneller Grafiker, Lektoren und Marketingspezialisten. Mit jeder neuen Publikation lernen die erfahrenen

Autoren dazu, bauen ihre Leserfankreise aus und verbessern ihre Veröffentlichungsstrategien.

Connie blickt auf eine lange Erfahrung als erfolgreiche Verlagsautorin zurück. Ihre Bücher erreichten zwar nie die „Spiegel Bestsellerliste", aber waren stets gute Longseller im Buchhandel. Jetzt laufen einige Verlagsverträge aus; und nachdem Connie in diversen Artikeln und Foren von Erfolgsgeschichten selbst publizierender Autoren gelesen hat, steht ihre Entscheidung fest: Sie wird die frei gewordenen Texte selbst veröffentlichen. Connie arbeitet sich durch Ratgeber, stellt Fragen in Facebook-Gruppen und lädt schließlich ihre unterhaltsamen Frauenromane bei Kindle hoch.

Doch wider Erwarten verkauft sich kein einziges Exemplar. Dabei ist ihr Autorenname doch bestens bekannt, in vielen Artikeln der Tagespresse wurde über sie berichtet und auf der Buchmesse wird sie an vielen Verlagsständen mit Namen begrüßt. Wie kommt es, dass man bei Amazon so gar nichts über sie zu wissen scheint? Warum verkauft ein Buch, das im Buchhandel viele tausende Male über den Ladentisch gegangen ist, bei Kindle überhaupt nicht?

Ist es die reine Ahnungslosigkeit eines US-Konzerns? Oder wird Connie benachteiligt, gerade weil sie eine Verlagsautorin ist? Wird der Kampf des globalen Konzerns gegen die lokalen Verlags- und Buchhandelsstrukturen auch auf ihrem Rücken ausgetragen? Connie nimmt sich vor, ihren Literaturagenten zu kontaktieren, um wieder zurück in den sicheren Hafen eines Verlages zu gelangen.

Der Buchhandel ist ein Vertriebskanal für die Verlage. Der eBook-Shop von Amazon ist ein Marktplatz für Autoren. Das sind zwei völlig unterschiedliche Konzepte, und Autoren, die sich auf einer Seite etabliert haben, können diesen Erfolg nicht ohne Weiteres auf der anderen Seite wiederholen.

. . .

Bodo hat eine Komödie geschrieben, aber leider keinen Verlag dafür gefunden. Also gründete er einen eigenen Verlag, was ihn 35,- Euro für die Gewerbeanmeldung kostete, und ließ bei einem Buchdrucker seiner Stadt fünfhundert Exemplare drucken. Jetzt steht eine Palette Bücher in seinem Keller und Bodo überlegt: Wie kann er diese Auflage an den Leser bringen?

Bodo klemmt sein Buch unter den Arm und betritt wohlgemut die Buchhandlung um die Ecke. Er wirft einen Blick auf die Stapelware neben der Kasse. Ob er vielleicht fünfzig Exemplare seiner Komödie mitbringen könnte, die der Buchhändler dann seinen Kunden anbietet? Der Buchhändler ist zunächst verwundert, einen leibhaftigen Autor begrüßen zu dürfen. Dann erklärt er Bodo, dass er laufende Verträge mit Lieferanten hat. Aber weil Bodo so sympathisch ist, nimmt er ihm gerne drei Bücher ab.

Bodo merkt: So kommt er nicht weiter. Lieferanten? Bodo lässt Visitenkarten mit einem tollen Verlagslogo drucken und besucht die nächste Buchhandlung, wo er sich als Verlagsvertreter vorstellt und die neue Komödie aus seinem Programm präsentiert. Dieser Buchhändler ist bereit, zehn Exemplare abzunehmen.

Bodo erinnert sich an einen alten Schulfreund, der bei der örtlichen Tageszeitung Redakteur ist. Eine Woche später erscheint ein Artikel in der Zeitung („Neues aus dem Büchermarkt“), in dem Bodos Verlag präsentiert wird, ein kurzes Interview mit dem Autor sowie eine überschwängliche Rezension zum Buch enthalten ist.

Mit diesem Artikel im Gepäck geht Bodo in seiner Rolle als Verlagschef zu der Filiale einer großen Buchhandelskette in seiner Stadt — nicht ohne vorher einen Termin mit dem Geschäftsführer gemacht zu haben.

Bodo kann auf Anhieb eine Lieferung von einhundert Büchern organisieren. Jetzt steigen auch weitere Buchhandlungen in dieser Stadt ein; nach einem Monat muss Bodo nachdrucken … und nach einem Jahr hat er 1500 Bücher verkauft.

Doch Bodo fühlt sich in seiner Doppelrolle nicht wohl. Eigentlich ist er doch Autor! Und er kennt nur diesen einen Redakteur … also bleibt sein kleiner Bestsellererfolg auf seine Heimatstadt beschränkt.

Seit der Erfindung des Buchdrucks haben sich Strukturen gebildet, die eines zum Ziel haben: Bücher in möglichst großer Zahl gewinnbringend an Leser zu verkaufen. So hatte schon Johannes Gutenberg in den 1450er-Jahren neben der Bibel auch Wörterbücher, Ablassbriefe und Kalender gedruckt: Produkte, die am Markt gefragt waren.

Aus der Verbindung von verbesserten Drucktechniken seit Ende des 18. Jahrhunderts, mutigen Literaturexperimenten wie etwa Goethes „Werther“, der steigenden Verbreitung von Zeitschriften und einem starken Wachstum des Buchhandels entstand eine „Wertschöpfungskette Buch“, die in unserer Zeit den schon genannten Jahresumsatz von mehr als neun Milliarden Euro allein in Deutschland erreichen konnte.

Diese Wertschöpfungskette kommt Buchhändlern, Druckereien, Vertriebsunternehmen, Dienstleistern, Buch- und Zeitungsverlagen und schließlich auch Autoren zugute. Das Zusammenwirken aller Teile dieser Erlöskette hat in den letzten hundertfünfzig Jahren zu einem stetigen Wachstum geführt: Verlage organisieren, Druckereien produzieren, Zeitungen bewerben, Buchhändler verkaufen und Autoren schreiben.

Maximilian ist ein etablierter Autor, der bereits bei mehreren großen deutschen Publikumsverlagen veröffentlicht hat. Kurz nach dem Erscheinungstermin seines neuen, diesmal selbst publizierten Thrillers sendet er an mehrere Redaktionen von Tageszeitungen und Magazinen eine kurze, freundlich formulierte Ankündigung mit der Bitte um eine Vorstellung seines Buches.

Die Antwort eines großen Nachrichtenmagazins ist knapp und deutlich: „Buchbesprechungen werden über eine Auswahl der Verlage und Großhändler in Zusammenarbeit mit der Redaktion getroffen. Wollen Sie Ihr Buch vermarkten, wenden Sie sich bitte an Ihren Verlag."

Der Begriff „Wertschöpfungskette" bedeutet auch, dass es feste Regeln gibt. Eine Regel besagt, dass Verlage und Großhändler für die Bewerbung ihres Programms zuständig sind. Es werden Anzeigen für die Literaturbeilage der Zeitungen und Magazine geschaltet, die Zeitungsverlage schreiben im Gegenzug Rezensionen der Bücher, die von den Verlagen beworben werden.

Als selbstständiger Autor werden Sie es also höchstens in die Heimatzeitung schaffen; um in überregionale Medien, ins Radio oder gar ins Fernsehen zu gelangen, brauchen Sie entweder einen großen Verlag mit entsprechend großem Werbebudget, oder Sie haben als sehr (!) erfolgreicher Autor einen eigenen „Newswert" aufgebaut.

2007 stellte der Onlinehändler Amazon den „Kindle"-E-Reader vor und eröffnete gleichzeitig das „Kindle Direct Publishing"-Portal, das jedem Autor die Möglichkeit gibt, sein Buch direkt und ohne Kosten für einen wachsenden Lesermarkt zu veröffentlichen. Seit 2011 ist diese Plattform auch für Autoren aus Deutschland zugänglich.

Die bestehenden Glieder der klassischen „Erlöskette Buch" reagieren darauf abweisend oder gar nicht: Buchhändler ignorieren dieses Angebot und empfinden es als Bedrohung, die Zeitungsfeuilletons rümpfen indigniert die Nase.

. . .

Sollte also ein Autor überhaupt selbst publizieren? Wenn Sie Goethe, Schiller, Hermann Hesse, Marcel Proust, Ernest Hemingway, Edgar Allan Poe, Leo Tolstoi, Honoré de Balzac oder Edgar Wallace fragen: ja natürlich! Denn jeder dieser Autoren hat immer dann selbst veröffentlicht, wenn kein Verlag da war, der ein überzeugendes Angebot gemacht hätte.

Die revolutionäre Funktion, die Amazon mit seinem „Direct Publishing“ einführte, bedeutet nichts anderes, als dass die gesamte, über Jahrhunderte erschaffene „Wertschöpfungskette Buch“ in Frage gestellt wird. Denn der selbst publizierende Autor findet seine Leserinnen direkt im Shop des Onlinehändlers. Wenn er dort sein eBook für 2,99 Euro verkauft, erhält er etwa 1,70 Euro Tantiemen.

Die Existenz eines klassischen Buchhändlers wird dagegen allein durch das hohe Preisniveau gedruckter Bücher ermöglicht; macht er weniger als zehn Euro Umsatz und vier Euro Gewinn pro Buchverkauf, kann er Miete und Angestellte seines Ladens nicht mehr bezahlen. Allein dieser Umstand führt zu den gewohnten Buchpreisen von neun bis fünfundzwanzig Euro.

Die Kundenwerbung für den Buchhändler erledigt das Feuilleton der Tageszeitung, das wiederum von den Inseraten der Verlage lebt. Wird in dieser Erlöskette ein Buch für 9,99 Euro als Taschenbuch verkauft, erhält der Buchhändler etwa vier Euro; Druck, Vertrieb, Marketing und Verlag etwa fünf Euro, der Autor des Buches sechzig Cent.

DREI

Verlag oder Selfpublishing?

Ich hatte weiter oben das seltsam verschobene Erlösverhältnis im deutschen Buchhandel genannt: Neun Milliarden Euro Jahresumsatz – und nur einhundert Autoren, die von diesem Geldberg so viel abbekommen, dass sie davon leben können. Wie kann das sein?

Von einem Taschenbuch, das im Buchhandel zwischen acht und zehn Euro kostet, bekommt (nach Abzug der Mehrwertsteuer) der Autor zwischen vier und sechs Prozent Anteil – je nach Auflage, Bekanntheit und Verhandlungsgeschick also etwa dreißig bis sechzig Cent.

Bei teureren Büchern, also zum Beispiel edel gebundenen „Hardcovern", kann der Anteil auch bis zehn oder fünfzehn Prozent gehen, der Autor kann mit einem Buchverkauf auch mehr als einen Euro verdienen.

Doch wie viele Bücher können überhaupt verkauft werden? Ein Kleinverlag ist schon froh über fünfhundert verkaufte Exemplare – ein unbekannter Autor kann für seinen Dreihundertseitenroman in diesem Fall also insgesamt hundertfünfzig bis dreihundert Euro als Entlohnung einstreichen.

Ein großer Publikumsverlag verkauft im Durchschnitt vielleicht eintausend bis fünftausend Exemplare eines Buches. Für den Autor gibt es in diesem Fall dreihundert bis maximal dreitausend Euro. Die großen Verlage bezahlen Autoren auch einen so genannten Vorschuss. Ist ein Autor kein Garant für einen Bestseller, fällt dieser Vorschuss auch dementsprechend niedrig aus.

Ab zehntausend verkauften Exemplaren spricht man von einem kleinen Bestseller ab fünfzigtausend findet ein Buch in den elitären Kreis der „Spiegel Bestseller".

Um zehntausend und mehr Bücher zu verkaufen, muss ein Buch beim Buchhändler in der so genannten „Stapelware" präsentiert werden: die Büchertürme am Eingang, neben den Kassen oder an anderen zentralen Orten der Buchhandlung. Solche Büchertürme wachsen nicht von alleine, sie sind auch im seltensten Fall eine Entscheidung des Buchhändlers selbst. Schließlich muss die entsprechende Menge an Büchern überhaupt erst einmal gedruckt und angeliefert werden; dann muss der Verlag diese Präsentation natürlich beim Buchhändler bezahlen und durch Werbung die entsprechende Nachfrage beim Publikum erzeugen.

Für einen Bestseller ist von vorne herein ein aktives Vorgehen des Verlages notwendig. Es muss Werbung gemacht werden, die Druckauflage muss hoch sein, Regalplätze bei den Buchhandelsketten und einzelnen Buchhändlern müssen gemietet werden.

Es gibt also sehr viele Buchtitel mit sehr kleinen Verkaufsmengen; und nur sehr wenige Titel, die es in die „Spiegel Bestseller" schaffen können. Für den Verlag reicht es, wenn ein Titel von fünfzig im aktuellen Katalog zum Bestseller wird. Für die Autoren heißt es bei diesem Beispiel: Neunundvierzig verdienen sehr wenig bis „geht so"; und einer verdient richtig viel.

. . .

Ludwig schwankt zwischen Frustration und Glück. Auch sein dritter Krimi wurde vom Verlag sehr gut aufgenommen, Freunde und Bekannte beglückwünschen ihn, sogar der Lektor des Verlages schrieb einen begeisterten Brief.

Doch etwas frisst an Ludwigs Seele. Denn auch sein dritter Krimi verkauft nicht. Der Rang im Amazon Shop liegt jenseits der Viertelmillion, Buchhändler kennen auch auf Nachfrage sein Buch nicht. Dabei hat Ludwig aus seiner Sicht alles getan, um dieses Buch nach vorne zu bringen!

Nicht nur, dass Ludwig für die Veröffentlichung im Verlag für Cover, Lektorat, ISBN-Nummer und Autorenexemplare etwa fünftausend Euro investierte und dafür jetzt ein wahrhaft perfekt gestaltetes Buch in den Händen hält. Ludwig überwies seinem Verlag auch bereitwillig Werbezuschüsse, so etwa für ein Inserat im „Buchreport" und für eine Präsentation seines Buches auf dem Stand des Verlages auf der Frankfurter Buchmesse. Insgesamt investierte Ludwig siebentausend Euro nur für sein drittes Buch. Doch trotzdem scheinen sich die Leser da draußen nicht für diesen Krimi zu interessieren.

Manchmal kommt Ludwig ein böser Verdacht: Könnte der Verlag etwa nur an seinem Geld, und nicht an dem der Leser interessiert gewesen sein? Will der Verlag etwa überhaupt nicht am Lesermarkt, sondern nur an den Autoren Geld verdienen?

Corinna kann über Ludwigs Erfahrung nur den Kopf schütteln. Wie kann man nur einem solchen „Zuschussverlag" auf den Leim gehen! Dass ihr eigenes Buch, veröffentlicht in einem sehr sympathischen Kleinverlag, nicht viel verkauft, liegt nur an ihrem eigenen Unvermögen, mehr als drei Buchhandlungen in der Woche zu besuchen. Inzwischen hat Corinna ihrem Verlag schon über dreihundert Autorenexemplare abgekauft und fährt in jeder freien Minute übers

Land, um Lesungen zu halten, Buchhändler abzuklappern und Werbung für ihren Roman zu machen.

Wie gut, dass die Verlagschefin immer ein offenes Ohr für Corinna hat und ihr mit gutem Rat zur Seite steht. Corinna wird sich diesen Rat zu Herzen nehmen, noch einmal hundert Exemplare beim Verlag bestellen, diesmal noch weiter entfernte Buchhändler ansprechen und neue Lesungen organisieren.

Das Wichtigste vorweg: **Niemals sollten Sie einen Verlagsvertrag unterschreiben, bei dem Sie selbst zur Kasse gebeten werden!** Diese Zeiten sind vorbei. Das Geschäftsmodell dieser Verlage ist, nur an den Autoren zu verdienen. Haben Sie als Autor Ihre Rechnung bezahlt, ist aus Sicht dieser „Zuschussverlage" der Auftrag bereits erfüllt. Wie am Beispiel Corinnas ersichtlich wird, ist dem Ideenreichtum gewisser Kleinverlage keine Grenze gesetzt – wenn der Autor selbst die Bücher kauft, ist aus deren Sicht der Job erledigt und der nächste hoffnungsfrohe Schriftsteller kann mit lobenden Worten umworben werden.

Unterschreiben Sie auch niemals einen Vertrag, bei dem Sie zum Beispiel die Rechte an Ihrem Werk „bis siebzig Jahre nach Ableben des Autors" an den Verlag übergeben. Damit haben Sie die Rechte an Ihrem Buch auch für Ihre Kindeskinder verloren.

Sie können als Autor in einem Kleinverlag veröffentlichen: Dann werden Sie keinen Vorschuss bekommen und können sich glücklich schätzen, für Ihren Roman mehr als dreihundert Euro an Tantiemen zu verdienen – abzüglich der „Autorenexemplare", die sie selbst dem Verlag abgekauft haben.

Sie können in einem der vielen mittelgroßen Verlage veröffentlichen und haben die Chance auf einen kleinen Vorschuss und einen Gesamtverdienst von vielleicht tausend Euro.

Um allerdings mit dem eigenen Werk in die „Stapelware“ des Buchhandels zu kommen und wirklich gutes Geld mit einem Roman zu verdienen, werden Sie auf Angebote großer Publikumsverlage warten müssen. Bastei, Droemer, Heyne, Rowohlt, Aufbau und andere Unternehmen suchen stets nach vermarktbaren Erfolgsautoren.

Und sie suchen sie vermehrt unter den Selfpublishern, die es in die Bestsellerlisten der Kindle Charts geschafft haben.

Der sicherste Weg zum Bestseller im klassischen Buchmarkt ist heute der, erst einmal als Selfpublisher erfolgreich den Weg zu den Lesern zu finden und damit bei den Talentscouts der Verlage aufzufallen.

Leo kann es kaum glauben. Da liegt tatsächlich ein Brief eines bekannten Publikumsverlags in seinem Briefkasten! Man habe seine Bücher in den Bestsellerlisten Amazons entdeckt und sei an einer Zusammenarbeit interessiert. Ein Telefonat später hält Leo den Entwurf eines Verlagsvertrages in den Händen. Eines Verlages, der aus den Spiegel-Bestsellerlisten bekannt ist! Da ist Leo gern bereit, auf einen hohen Vorschuss zu verzichten. Denn mit so einer Marketingmaschine im Rücken wird sein nächster Roman sicher in allen Buchhandlungen zu sehen sein.

Schmerzlich ist für Leo, dass der erste Roman bei diesem tollen Verlag erst in zwei Jahren erscheinen wird. Aber in der archaischen Welt der Verlage ticken die Uhren eben langsamer.

Nach dem Erscheinungstermin besucht Leo erwartungsvoll seinen Buchhändler um die Ecke. Seltsamerweise weiß man dort nichts von seinem Buch. Wo bleibt die Marketingmaschine?

Leos Roman wird im Buchhandel enttäuschende Verkaufszahlen aufweisen. Die eBook-Edition verschimmelt mit einen Verkaufspreis von 16,99 Euro auf den hintersten Rängen. Missmutig verfolgt Leo die Titel seiner Kollegen, die mit Preisaktionen, geschickt aufgebauten Titeln, Klappentexten und Covern wieder die Bestsellerliste stürmen.

Leo rechnet nach. Hätte er sein Buch selbst veröffentlicht, hätte er mit Sicherheit mehr Geld verdient.

Und hätte der Verlag einen hohen Vorschuss bezahlen müssen, hätte er sich auch mehr darum bemüht, Leos Buch zu verkaufen. Leo erkennt den Zusammenhang. Beim nächsten Mal wird er pokern!

Investiert ein Verlag wenig Geld in ein Projekt, ist auch der Druck niedrig, damit wieder Geld zu verdienen. Große Werbekampagnen werden stets nur in Produkte gesteckt, die durch ihr rein finanzielles Gewicht im direkten Augenmerk der Geschäftsleitung stehen. **Sind Sie mit Ihrem Titel ein Übungsprojekt für die Lektoratspraktikantin, hilft auch der tollste Verlagsname im Hintergrund gar nichts.**

Sie sollten also, bevor Sie Ihr Buch einem Verlag in die Hand geben, einen Namen als Autor aufbauen. Geht das überhaupt mit einem Buch, das seit Jahren in der Schreibtischschublade liegt und für das man keinen Verlag gewinnen konnte?

Die Antwort auf diese Frage finden Sie im Kindle Shop von Amazon!

Olaf schreibt an seinem ersten Roman, und ihn bewegen viele Fragen rund um das Veröffentlichen, um Konvertierung, Buchsatz, Preise und

Tipps zur Vermarktung. Er liest sich durch Ratgeber, Foren und Facebookgruppen und baut sich einen immer umfangreicheren Wissensschatz auf. Vor allem in den diversen Selfpublisher-Gruppen findet Olaf guten Rat … und beteiligt sich an Diskussionen.

Sollen sich Autoren mit Niedrigpreisen ausverkaufen? Braucht es wirklich ein teures Lektorat? Wie erkennt man rechtzeitig einen „Druckkosten-Zuschuss-Verlag“, der Autoren geschickt mit falschen Versprechungen über den Tisch zieht? Wo kriegt man günstige Bilder für Cover, welche Distributoren bieten welche Provisionen für welche Shops? Soll man mit Word schreiben oder mit Papyrus … oder besser mit Open Office? Wozu soll man Photoshop teuer bezahlen, wenn Gimp die gleichen Funktionen umsonst liefert? Wie schaffe ich es, dass mein bei Amazon gedrucktes Buch auch im Buchhandel angeboten wird? Wo kriegt man günstig eine „ISBN“-Nummer? Soll man einen Mac verwenden oder ein Windows-Laptop? Soll man weißes oder cremefarbenes Papier für die gedruckte Ausgabe wählen? Kommt das Cover auf mattem Karton besser als auf glänzendem? Soll man aus der Ich-Perspektive oder in der dritten Person erzählen? Kann man das Layout eines eBooks optimieren, wenn man es selbst direkt in HTML schreibt?

Soll man als Autor aus Steuergründen nach Irland oder Zypern auswandern? Soll man „GIF“ oder „PNG“ Dateien in sein eBook einbinden?

Wie kann man Plagiatoren das Handwerk legen? Zerstören wenige Betrüger den Wert der Arbeit tausender Autoren? Wie geht man mit abfälligen Rezensenten um? Warum wurde bei meinem Buch die beste Rezension gelöscht?

Warum sind plötzlich die „Kunden kauften auch“-Leisten bei Amazon verschwunden? Soll ich mein Buch an einem Dienstag oder einem Samstag veröffentlichen?

Wenn Olaf sich den Fortschritt seines eigenen Buches ansieht, ist das Ergebnis allerdings unbefriedigend. Sollte er mal wieder an seiner Geschichte weiterschreiben?

. . .

Melinda hat das geschafft, wovon viele Autoren träumen: Ihr vierter Liebesroman schaffte es auf Platz Eins im Kindle Shop, hielt sich mehrere Tage ganz oben und über zwei Monate in den Top Einhundert — und spülte ihr in den ersten drei Monaten nach der Veröffentlichung fast fünfzigtausend Euro aufs Konto.

Jetzt steht ihr neuer Roman kurz vor der Veröffentlichung und Melinda hat Muffensausen. Was, wenn es diesmal nicht klappt? Wenn das Cover nicht ankommt? Der Klappentext nicht wirkt?

Melinda besucht eine Autorengruppe bei Facebook, postet Cover und Klappentext und fragt um Rat.

Die Antworten ihrer Kolleginnen sind hilfreich und aufbauend … bis auf eine. Was das bitte für eine Geschichte sein soll, fragt eine Facebookfreundin. Mit sowas locke man heutzutage keine Leser hinter dem Ofen hervor. So geht das gar nicht!

Melinda trifft diese Kritik mitten in die Magengrube. Was soll sie jetzt nur tun? Auf die Veröffentlichung verzichten? Ihren alten Chef anrufen, ob er ihr doch noch den früheren Arbeitsplatz freigehalten hat?

Betrügerische Verlage, neidische Kollegen, Klickfarmen, teure Lektorate und Designs, der undurchschaubare Gigant Amazon mit seinen oft rätselhaften Handlungen, ein Dickicht an möglichen und widersprüchlichen Strategien und täglich hunderte Neuerscheinungen — die Welt der Indie-Autoren mutet an wie der Wilde Westen in seiner rauesten Zeit.

Viele „Indies" können davon ein Lied singen. So oft sie auch veröffentlichen, so viel sie auch werben, diskutieren und sich beklagen, sie verharren bei jenen neunzig Prozent der Autoren, die bestenfalls einen minimalen Erfolg im eBookmarkt erreichen können.

Aber es gibt doch die Top Hundert bei Amazon, und

immer noch ist ein Großteil der gut verkaufenden Chartplätze mit Indie-Autoren besetzt — allen Marketingaktionen Amazons für eigene Buch- und Kundenbindungsprogramme zum Trotz.

VIER

Was ist Ihr Ziel?

Sanne hat einen Roman geschrieben: Einen Mystery-Krimi, in dem es um Verführung, Magie, Leidenschaft und Mord geht. Sie gab ihm den seelenvollen Titel „Dein ist meine Seele in der Oktobernacht“, lud ihr 120-seitiges Word-Dokument im Kindle Portal hoch und sortierte das Buch bei „Belletristik“ ein. Im Klappertext beschrieb sie die Obsession und spirituellen Erfahrungen der Protagonistin, ohne dabei auf die Geschichte selbst einzugehen. Denn Sanne wollte den Lesern nicht die Spannung nehmen!

Als sich nach sechs Monaten immer noch kein einziges Buch verkauft hatte, klagte Sanne ihr Leid in einer Facebookgruppe und erhielt den Rat, es doch mal mit Werbung zu versuchen. Sanne schrieb eine Mail an Johannes von xtme und bat um ein Angebot für eine Werbekampagne für ihr Buch.

Doch der schickte nicht einfach eine Preisliste, sondern bat um Rücksprache.

Da das Schreiben des ersten Romans meist eine sehr emotionale und persönliche Entscheidung ist, sind die ersten Ziele eines Autors Etappenziele. Schafft man es überhaupt, das Werk abzuschließen? Schafft man es, einen Verlag zu finden oder muss man das Buch selbst veröffentlichen? Kommt man mit der Technik klar?

Das Ergebnis solcher Etappenziele ist meist, dass der Autor Monate später vor seinem selbst veröffentlichten Buch im Shop sitzt und sich fragt, wo denn nun die Käufer bleiben. Denn über die Käufer, also die potentiellen Leser der Geschichte, hat er sich bisher noch keine Gedanken gemacht.

Kommen wir zu Sanne zurück. Zunächst konnte ich das Buch im Shop nicht finden; das lag an einem Schreibfehler im Titel. Sanne hatte aus Versehen „Dein ist meine Sele …“ getippt. Das kann, aber sollte nicht passieren! Es wird dazu führen, dass potenzielle Leser einfach genervt zum nächsten Buch klicken, denn ein Schreibfehler im Titel lässt für den Text selbst Schlimmes vermuten.

Weiter zum Buch. Das Cover war quadratisch, gelb eingefärbt und leicht außerhalb der Mitte mit einem unleserlich kleinen Titel in schwarzer „Times“-Schrift versehen. Der Klappentext ließ nicht auf den Inhalt des Buches schließen. Ein Klick in die Leseprobe zeigte, dass die Konvertierung daneben gegangen war. Zeilen waren willkürlich umbrochen, allenthalben zerschnitten feste Trennstriche die Worte, in regelmäßigen Abständen fanden sich Seitenzahlen mitten im Text – diese Geschichte war völlig unlesbar.

Sanne war spürbar enttäuscht, als ich ihr sagte, dass das Buch in diesem Zustand nicht vermarktbar sei. Mit allem Geld der Welt lassen sich keine Leser dafür finden! Ich lehnte eine Bewerbung ab und stellte meine Gretchenfrage:

„Was wollen Sie erreichen?“

Eigentlich, brach es nun aus Sanne heraus, wolle sie einen Verlag finden, der ihr all diese Dinge abnehmen würde: Cover, Klappentext, Lektorat, technische Umsetzung … und Werbung.

Auch das, musste ich Sanne mitteilen, ist nur ein Etappenziel. Was wollen Sie tatsächlich erreichen?

Sanne meinte, dass sie Autorin werden, viele Bücher für viele Leser schreiben und davon auch ihren Lebensunterhalt bestreiten wolle. Aber mit Technik, Grafik und Marketing wolle sie nichts, aber auch wirklich nichts zu tun haben!

Dann fragte ich: „Wen wollen Sie mit Ihrem Buch erreichen?“

Diese Frage verwunderte Sanne. Ja, Leser natürlich, wen sonst? Schließlich habe sie ihr Buch ja auch für alle geschrieben!

Also für Frauen und Männer vom Erstlesealter bis zur durchschnittlichen Maximallebenserwartung in der Europäischen Union?

Sanne wirkte unschlüssig. Na ja, vielleicht eher für erwachsene Leser …

„Was ist das für ein Buch? Welches Genre?“

Sanne überlegte. Eigentlich sei das ein Krimi, aber nicht real, eher mit Fantasyelementen. Romantisch? Nein. Oder vielleicht ein bisschen. Oder vielleicht doch kein Krimi, eher ein Thriller. Denn einen wirklichen Kriminalfall behandelt dieses Buch nicht. Es sei auch nicht abgeschlossen, das Ende sei offen. Vielleicht wird es einen zweiten Band geben? Das müsse sich Sanne noch überlegen. Dieses Buch sei, so erklärte Sanne mir schließlich mit gewissem Nachdruck, eben ein „Crossover“.

Ein „Crossover“, also die Verschmelzung von bisher getrennten Genres, kann eine völlig neue, erfolgreiche Geschmacksrichtung ergeben; oder ein ungenießbares

Gemisch. Gut geplante, mutige Genreverschmelzungen können durchaus Erfolg haben und ein völlig neues Lesepublikum finden, man denke an „Shades“, das einen klassischen Vampirplot mit dem Untergrundgenre „BDSM“ verknüpfte. Gerade bei solchen Innovationen sollte aber das Rückgrat der Geschichte möglichst einem klassischen Plot folgen, um der Leserin wenigstens hier den Einstieg in dieses neue Genre zu erleichtern.

Ich empfahl Sanne, einen Blick in die Kindle Bestsellerlisten zu werfen. Welche Bücher aus welchen Kategorien werden am häufigsten verkauft? Hinter diesen „am häufigsten verkauften“ eBooks steht ein Lesepublikum, das zu etwa siebzig Prozent weiblich und durchschnittlich 55 Jahre alt ist.

In diesen Bestsellerkategorien findet man deshalb grundsätzlich mehr Bücher, die für ein weibliches Publikum geschrieben wurden, als solche, die sich an Männer wenden. Um jetzt nicht in eine Genderdiskussion zu verfallen, sollte Sanne selbst anhand von Titel, Cover und Klappentext der gut verkauften Bücher raten, ob sich diese Titel eher an ein weibliches oder männliches Publikum wenden.

In welcher der vielen Kategorien könnte Sannes Buch mit seinem Cover, dem Titel, der Geschichte und dem Seitenumfang wettbewerbsfähig sein?

Genau diesen Fragen, beschied mir Sanne, wolle sie sich auf keinen Fall stellen. Das sei aus ihrer Sicht die Aufgabe eines Verlages. Ob ich ihr einen Literaturagenten empfehlen könnte, der ihr Werk an einen Verlag vermitteln könne?

Verlage, musste ich Sanne informieren, suchen primär

gut vermarktbare Mainstream-Bücher, da sie ja ihr Geld über verkaufte Auflage verdienen.

Verlage suchen Titel von bereits etablierten Autoren, Übersetzungen englischer Bestseller oder speziell für bestimmte Buchhandelsregale produzierte Titel. Bücher von Prominenten, Titel zu brandaktuellen Themen oder hochliterarische Texte von bekannten Namen aus der Szene für den einen oder anderen Literaturpreis.

Die erste Novelle einer unbekannten Autorin, die zwischen den Genres schwebt und keine definierte Zielgruppe anspricht, wird man bei klassischen Buchverlagen nicht unterbringen können. Was bleibt, sind Zuschussverlage, die die Technik übernehmen, dafür gesalzene Preise verlangen und den Lesermarkt konsequent ignorieren; oder Kleinverlage, die dem Autor die Vertriebsarbeit überlassen und ihn über die Landstraße schicken, um Buchhändler abzuklappern.

Ich empfahl Sanne, sich von dem Gedanken zu lösen, mit dieser ersten Fingerübung den Buchmarkt aufmischen zu können. Wenn sie wirklich ihr künftiges Leben als Autorin bestreiten will, sollte sie sich folgendes Bild vor Augen führen:

2025 wird Sanne drei bis fünf Vollromane zu je mindestens zweihundert Seiten Umfang im Jahr schreiben. Sie wird in einer festen Kategorie regelmäßig Geschichten liefern, die eine stetig wachsende Fangemeinde ungeduldig erwartet. Sie wird mit einer Backlist von zwanzig bis dreißig Büchern ein stetiges Einkommen aufbauen, das nur durch regelmäßige Neuveröffentlichungen gehalten und weiter ausgebaut werden kann. Sollten Sannes Titel in den Top 20 Bestsellern auftauchen, werden sich auch klassische Verlage für sie interessieren und ihr Angebote machen.

Drei bis fünf Vollromane? Sanne erschrak. Das würde sie nie und nimmer schaffen! Vielleicht einen pro Jahr …

Hier muss ich darauf hinweisen, dass Geld durch Arbeit verdient sein will. Wer mit seiner freien Tätigkeit so viel verdienen will, wie mit einer gut dotierten Festanstellung, wird mindestens vierzig Stunden pro Woche arbeiten müssen; beziehungsweise als Schriftsteller mindestens tausend Worte pro Arbeitstag schreiben. Bedenken Sie auch stets, dass – genau wie bei einem regulären Vollzeitjob – Urlaub und freie Tage geplant sein sollten, will man nicht einen schnellen Burnout riskieren.

Rechnet man zweihundert Arbeitstage pro Jahr, sind das bei tausend Worten Durchschnittsleistung pro Tag insgesamt 200.000 Worte oder vier Romane zu jeweils 50.000 Worten. In diesen zweihundert Tagen sind selbstverständlich auch Korrekturen, Planungen und Organisation enthalten, ein Arbeitstag umfasst in unseren Breiten immerhin etwa acht Stunden. Versuchen Sie, die restlichen 165 Tage möglichst zur eigenen geistig-körperlichen Regeneration zu verwenden.

Der Sprung in die Selbstständigkeit bedeutet, dass das Risiko für Ihre Zukunft bei Ihnen selbst liegt. Also sollten Sie mindestens die gleichen Ansprüche an sich stellen, wie es auch ein Chef in einem beliebigen Unternehmen tun würde. Seien Sie also diszipliniert, pünktlich und halten Sie sich an ihre Planung.

Ohne Planung geht es nicht! Für jede Tätigkeit in Industrie, Handwerk oder Dienstleistung gibt es Kunden, Käufer und Klienten. Eine sogenannte „Zielgruppe“, die mit Waren oder sonstigen Leistungen bedient wird und bereit ist, dafür Geld zu bezahlen. Diese Zielgruppe müssen Sie auch für Ihre eigene Tätigkeit finden. Denn gibt es für Ihre Geschichten keine Zielgruppe, werden Sie keine Bücher verkaufen und Ihr Traum von der Selbstständigkeit wird zu einem kurzen Albtraum werden. Nach dem Aufwachen werden Sie sich wieder in einem ganz normalen Job befinden, denn die Miete muss bezahlt werden.

Um ihr Zukunftsbild wahr werden zu lassen, muss Sanne also jetzt einen wichtigen ersten Schritt tun. Sie muss ihr künftiges Lesepublikum finden!

Besuchen Sie den Buchhändler, über den Selfpublisher primär verkaufen: den Kindle Shop von Amazon.

Klicken Sie sich durch die Bestsellerlisten, sehen Sie sich die Titel an. Gibt es Kategorien, in denen Sie sich wohl fühlen würden? Für die Sie ein Buch schreiben könnten? Wenn Sie eine solche Kategorie gefunden haben, suchen Sie drei bis fünf Titel unterschiedlicher Autoren heraus, die möglichst untereinander verknüpft sind, sich also über die „Kunden kauften auch"-Leiste gegenseitig empfehlen.

Lesen Sie die Klappentexte dieser Bücher und schauen Sie sich die Rezensionen an. Sie werden auf Rezensenten stoßen, die alle diese „ähnlichen" Bücher gelesen und bewertet haben. Achten Sie auf Themen, Protagonisten, Verwicklungen, Orte und Kulissen dieser Bücher! Lesen Sie aufmerksam die Rezensionen. Was vermissen diese Leserinnen und Leser? Was finden sie toll?

Rufen Sie jetzt die „Neuheiten der letzten 90 Tage" Ihrer Kategorie auf und suchen Sie Bücher, die für Ihr Lesepublikum geschrieben wurden. Erscheinen drei neue

Bücher pro Tag für Ihre Wunschleser? Dann werden Sie sich ranhalten und eine lange Durststrecke einkalkulieren müssen, um sich in einem dermaßen überfüllten Genre durchsetzen zu können.

Erscheinen nur drei Bücher im Monat für Ihr Wunschpublikum? Und erreichen diese Titel gute Positionen in den Ranglisten des Shops? Dann haben Sie eine Goldader gefunden, denn hier warten Leserinnen gierig auf neues Futter …

Lehnen Sie sich zurück und überlegen Sie. Sie wollen tatsächlich Bücher für diese Zielgruppe schreiben? Diese Personen sind Ihre künftigen Leser, Fans … und Rezensenten. Wenn alles klappt, werden genau diese Menschen Ihr Buch lesen und bewerten! Können und wollen Sie das liefern, was diese Menschen gerne lesen? Können Sie wieder und wieder für dieses Lesepublikum schreiben?

Wenn Sie sich bei diesem Gedanken wohl fühlen, dann könnte es sein, dass Sie Ihre zukünftige Tätigkeit gefunden haben. Ihre Erlösquelle, Ihr Recherchefeld, Ihre Schreibarbeit.

Es empfiehlt sich, eine kurze Überschlagsrechnung zu machen. Orientieren Sie sich dabei an den Titeln, die Sie bei Ihrer Recherche als Lieblingstitel Ihres Wunschpublikums ausgemacht haben. Wenn Sie über mehrere Wochen den Verlauf dieser Titel verfolgen, werden Sie erkennen, ob Ihre Kategorie eine schnelle oder langsame Mühle ist. In manchen Kategorien flitzen Bestseller innerhalb weniger Tage hoch und fallen genauso schnell wieder ab. In anderen Bereichen halten sich Bücher mitunter jahrelang in bestimmten Rangbereichen.

Haben Sie ein Buch zu 2,99 Euro stabil auf einem Rang von etwa 500 im Kindle Shop stehen, werden Sie etwa 1.500,- Euro pro Monat inklusive Leihe verdienen. Bei Rang tausend sind es etwa 500,- Euro pro Monat, bei Rang zweitausend 300,- Euro, bei Rang dreitausend vielleicht noch 150,- Euro.

Eine sehr vereinfachte Modellrechnung könnte folgendermaßen lauten: Sie geben pro Buch für Cover, Lektorat und Werbung 2.000,- Euro aus. Steht Ihr Buch nach der Werbung für drei Monate mit einem Preis von 2,99 Euro auf Rang fünfhundert, drei Monate auf Rang tausend, drei Monate auf Rang zweitausend und weitere drei Monate auf Rang dreitausend, macht das für die ersten zwölf Monate einen Erlös von etwa 7.000,- Euro abzüglich der Grundkosten von 2.000,- Euro. Ihr Roman könnte also in den ersten zwölf Monaten ungefähr 5.000,- Euro erwirtschaften, im zweiten Jahr bringt er vielleicht noch die Hälfte.

Schreiben Sie nun vier Romane im Jahr und haben damit den gewünschten „Midlist Erfolg“, addieren sich diese Werte. Sie kommen mit dieser sehr synthetischen Rechnung ab dem zweiten Jahr Ihrer Tätigkeit auf ein Monatseinkommen von brutto etwa 3.000,- Euro.

Eines muss klar sein: Diese Rechnung funktioniert nur, wenn Sie auch tatsächlich für ein Publikum schreiben, das diese Mengen möglich macht; ein Publikum, das existiert und gerne solche Geschichten liest.

Sollte Ihr Publikum groß genug sein, kann die Rechnung natürlich auch ganz anders ausfallen. Manche Selfpublisher verdienen nach dem erfolgreichen Aufbau ihres Lesepublikums 50.000,- Euro und mehr mit einem Buch über die Laufzeit von drei Jahren. Addiert man dazu eine Backlist von zehn bis zwanzig Titeln, können Sie nach der Aufbauzeit monatlich mehr als 15.000,- Euro allein aus dem Kindle Shop erlösen – wenn Sie regelmäßig neue Bücher veröffentlichen.

Wozu diese elende Rechnerei? Um Ihnen klar zu machen, dass es ohne Planung und Zahlen nicht geht, wollen Sie sich selbstständig machen und von Ihren Geschichten leben. Zu viele Karrieren habe ich erlebt, die mutig begannen, aber den Markt, also das Lesepublikum und seine Wünsche, nicht beachteten. Muss man in irgendeinen Job zurückkehren, um die angehäuften Schulden bezahlen zu können, ist das eine demütigende Erfahrung, die ich jedem Autor ersparen möchte.

Wenn Sie tatsächlich den Weg des erfolgreichen Schriftstellers gehen wollen, dann beschäftigen Sie sich zuerst mit dem Lesepublikum! Denn das Publikum allein entscheidet, ob Ihr Vorhaben erfolgreich sein wird.

FÜNF

Für wen schreiben Sie?

Norbert war im Investmentbanking tätig und liest selbst gerne spannende Thriller.

Warum, so denkt sich Norbert, sollte er nicht selbst einmal aus seinem reichen Erfahrungsschatz schöpfen und einen Finanzthriller schreiben? So entsteht in jahrelanger Arbeit ein siebenhundert Seiten umfassendes Werk, in dem Norbert nicht nur einen faszinierend komplexen Fall von Investmentbanking und fein eingefädeltem Betrug, sondern auch einige sinnliche Szenen beschreibt. Letztere sind allerdings nicht aus Norberts Berufserfahrung geschöpft, sondern sollen allein der Unterhaltung des Lesers dienen. Heraus kommt ein auf gediegenem Fachwissen aufgebauter Finanzthriller, der mit einer heißen Lovestory aufgepeppt ist.

Norbert veröffentlicht den Thriller selbst; bei Amazon gibt er ihm ein cooles Cover mit „Wall Street"-Glasfassade, einen spritzigen Titel („Sexy Deals") und die Kategorien „Thriller" und „Erotik", denn eines weiß Norbert genau: Sex sells!

Eine Gratisaktion später bricht für Norbert die Welt zusammen. Sein Buch wird von Rezensenten zerrissen! „Viel zu viel Sex", „langweilige Textwüste" und „Fachchinesisch für Buchhalter" sind noch die freundlichsten Stimmen. Auch gutgemeinte Bewertungen von

Freunden und Verwandten („Tolles Buch, mehr davon!") können den Notendurchschnitt jetzt nicht mehr retten.

Es hilft nichts, Norbert wird sich dieser Erfahrung stellen müssen. **Veröffentlicht man ein Buch für den Kindle Shop, steht es in der Öffentlichkeit, kann gekauft, gelesen und rezensiert werden.**

Norbert hat mit seiner Veröffentlichung Glück gehabt. Das sieht er natürlich völlig anders und verbittet sich solche gehässigen Bemerkungen. Doch tatsächlich hat Norbert jetzt die Chance, von seinen Leserinnen zu lernen. In den Rezensionen steht ziemlich deutlich geschrieben, an welchen Krankheiten sein Rennpferd leidet.

Die wichtigste Frage an Norbert ist: Für wen haben Sie dieses Buch geschrieben? Welche Leserinnen hatten Sie im Auge? Alle, die ein als Thriller verkleidetes Finanz-Sachbuch mit Sexszenen und mehr als siebenhundert Seiten Umfang lesen wollen? Gibt es diese Leserin überhaupt?

Lore trennte sich nach vielen schweren Jahren von ihrem kontrollsüchtigen und manipulativen Partner, endlich kann sie mit ihrer Tochter ein selbstbestimmtes Leben führen. Da Lore selbst gerne und viel liest, und die vielen „Bad Boy", „BDSM" und „Millionärs"-Romane mit einem Rollenbild spielen, das für sie selbst ein wahres Fegefeuer bedeutet hatte, entscheidet sie sich zu einem wichtigen Schritt. Sie will selbst ein Buch schreiben, in dem das Schicksal einer allzu gutgläubigen Frau, die in die Hände eines brutalen Narzissten fällt, romanhaft aufbereitet wird.

Die autobiografischen Anteile ihres Romans versteckt Lore gut, denn noch immer treibt sie die Angst vor ihrem Peiniger. Doch dieses als Spannungsroman konzipierte Werk beruht auf Wahrheit, und so ergibt sich eine Geschichte, die die Protagonistin unablässig und mahl-

stromartig in die Tiefe zieht. Dieser „Bad Boy" wird sich leider nicht in einen Traumprinzen verwandeln!

Lore orientiert sich bei Cover und Titel an den gängigen Erfolgsromanen des Genres „romantischer Thriller" und es gelingt ihr auf Anhieb, ohne irgendwelche Werbemaßnahmen, einen Rang innerhalb der Top Fünfhundert im Shop zu erreichen. Doch dieser Erfolg wird jäh abgewürgt. Vier miese Rezensionen ziehen das Buch runter: „Selten so etwas Frustrierendes gelesen"…, „Danke, ich konnte nicht mehr einschlafen …" „kein abgeschlossener Roman" und „ich konnte die Handlungen der Protagonisten nicht nachvollziehen".

Für Lore ist diese Erfahrung bitter. Wir wollen auch für sie hoffen, dass sie die richtigen Schlüsse aus diesem Ergebnis zieht. Dass sie die Trennlinie zwischen „romanhafter Biografie" und „belletristischem Roman" erkennt; dass sie ihren künftigen Lesern genauer und deutlicher erklärt, was für ein Leseerlebnis sie mit ihrem Buch tatsächlich verspricht. Denn für die Leserin liegen zwischen realem Beziehungsdrama und scharfer Romantik Welten!

Alfred ist erfolgreich in Rente gegangen. Endlich hat er Zeit, sich um das für ihn wichtigste Erbe aus vierzig Jahren Betriebszugehörigkeit zu kümmern. Denn in diesen vielen Jahren schrieb er nebenher eine wahrhaft epische Fantasysaga; dreißig Bände schlummern auf seiner Festplatte, insgesamt über zehntausend Seiten. Diese Saga war ihm Begleiter in den immer gleichen Hotelzimmern, seelische Unterstützung und Lichtblick in dunklen Stunden. Als großer Fan von Tolkiens „Herr der Ringe" und den Science Fiction Romanen der Siebziger, wie etwa Larry Nivens „Ringwelt Saga", schrieb Alfred seine Romanserie als eine Mischung aus High Fantasy und Sci-Fi Abenteuer.

Jetzt will er diesen Schatz endlich für die Leser öffnen! Nach diversen Versuchen mit unterschiedlichen Covern und Titeln, über verschiedene Anbieter und Dienstleister findet Alfred zu „Kindle Publishing", bearbeitet und konvertiert noch einmal tausende Seiten und greift zur ultimativen Marketingwaffe: einer Gratisaktion.

Doch der Erfolg ist verhalten; die Rezensionen sind durchwachsen („keine echte Fantasy" und „keine echte Sci-Fi") und der Verkauf der übrigen Bände, die Alfred zum moderaten Preis von 5,99 € anbietet, funktioniert überhaupt nicht.

Alfred weiß jetzt: Bei Kindle findet man keine anspruchsvollen Leser. Er wird sein Glück bei einem anderen Dienstleister versuchen, der seine Bücher auf allen Plattformen neu veröffentlichen wird und dafür nur einen moderaten Preis verlangt.

Eine Grundregel für Buchreihen lautet: Kommt der erste Band nicht gut an, wird auch der zweite Band das Projekt nicht retten. Alfred sitzt auf zehntausend Seiten, die er nur für sich geschrieben hat. Mit jeder neuen Veröffentlichung der gleichen Bücher erzielt Alfred logischerweise das gleiche Ergebnis. Werbeaktionen verschlimmern die Lage nur noch – denn dann hagelt es schlechte Rezensionen. Denn ganz offensichtlich gibt es für Alfreds ganz spezielle Fantasy / Sci-Fi Mischung keine Fans. Und um ein völlig neues Genre zu erschaffen … dazu reicht Alfreds Schreibe leider nicht aus. Ganz ehrlich: Seine schier unendliche Story reißt niemanden vom Hocker!

Nur aus dem laufenden Kontakt mit dem Leser kann ein Autor das Schreiben lernen. Haben Sie ein Buch geschrieben, dann verpacken Sie es für ein passendes Lesepublikum und veröffentlichen Sie es. Machen Sie Werbung dafür, versuchen Sie Leser zu finden. Nehmen

Sie negative Rezensionen ernst: Entweder, Sie haben mit Ihrem Buch die falschen Leser erreicht – dann sollten Sie sich die Verpackung Ihres Buches noch einmal ansehen.

Oder Sie haben die richtigen Leser gefunden und Ihre Geschichte hat nicht überzeugt. Denn erreicht man mit einem Titel die passenden Leser, stößt man damit auf Fachleute dieses Genres – Liebhaber von Vampirromanen haben alle „Buffy" und „Vampire Diaries"-Folgen gesehen, kennen alle Buchbestseller dieses Genres und haben somit ein gefestigtes Wissen um diese Wesen der Nacht.

Lore hat mit ihrer sehr wahren und damit leider auch deprimierenden Biografie begeisterte Leserinnen von „Bad Boy"-Romanzen erreicht, die ein sehr definiertes Bild ihres Romanhelden haben und sich natürlich ein süßes Happy End erwarten! Ein solches glückliche Ende konnte und wollte Lore aber nicht liefern

Alfreds Leser wünschen sich entweder High Fantasy im Tolkien Stil — oder tapfere Raumhelden in überlichtschnellen Raumkreuzern! Drachen in Raumschiffen halten sie hingegen für völlig unrealistisch.

Alle diese Autoren hätten sich viel Arbeit, Geld und falsche Hoffnungen erspart, hätten Sie sich den Lesermarkt vorher angesehen. Denn der liegt im Kindle Shop offen vor!

Noch einmal die Frage Was wollen Sie erreichen? Einen großen Verkaufserfolg? Dann werden Sie Mainstream „für den Leser" schreiben müssen. Oder wollen Sie einfach Ihre Geschichte erzählen? Dann werden Sie um jeden einzelnen Leser kämpfen und sich wahrscheinlich mit einer sehr kleinen Verkaufsmenge begnügen müssen.

Leonie ist stolz auf ihre neue, heiße „Bad Boy"-Romanze. Wenn sie

die Bestsellerlisten bei Kindle betrachtet, sieht sie sofort, dass prickelnde Bodyguardstorys hoch im Kurs stehen.

Doch warum auch den halben Lesermarkt verzichten? Leonie veröffentlicht ihr Buch über einen Dienstleister, der alle Shops beliefert. So kann Leonie mit ihrem Roman einen viel größeren Markt bedienen – Kindle, Tolino und noch viele andere mehr!

Doch irgendwie kommt das Buch nicht aus dem Quark. Leonie bucht Werbeaktionen, doch die kurzen Verkaufserfolge verlaufen schnell im Sand. Ihr Buch will einfach nicht hochkommen!

Ob Amazon Autoren absichtlich bestraft, die sich nicht exklusiv an das „Kindle Unlimited"-Programm binden?

Sabrina hat einen neuen Liebesroman geschrieben. Der Text ist lektoriert, der Titel verheißungsvoll, das Cover clever designed, der Klappentext sitzt. Natürlich meldet Sabrina ihr Buch exklusiv bei Kindle Unlimited an: Denn genau dort finden sich massenhaft Leserinnen, die gierig jede neue Romanze leihen. In diesem Genre gleich zu Beginn auch über Tolino zu veröffentlichen, würde eine große Zahl potentieller Leserinnen ausschließen.

Jetzt überlegt Sabrina: Wann soll sie das Buch veröffentlichen? Wann ist der richtige Zeitpunkt?

Sie stellt ihre Frage in einer großen Facebookgruppe und bekommt verunsichernde Antworten. Jetzt sei gerade „Prime-Zeit", danach kommen die neuen Kindle Monatsdeals. Dann ist Urlaubszeit, danach rücken Feiertage mit großem Konkurrenzdruck näher.

Eigentlich, so denkt Sabrina jetzt, gibt es überhaupt keinen „guten Zeitpunkt". Sie spricht mit Kolleginnen und erfährt, dass auch die mit sehr ähnlichen Romanen in den Startlöchern stehen. Sabrina ist endgültig verzweifelt. Wenn so viele ähnliche Bücher gleichzeitig erscheinen, hat ihres ja noch schlechtere Chancen!

Sabrina entscheidet sich, zu warten. Und beobachtet mit Verwunderung, dass die so ähnlichen Romane ihrer Kolleginnen gleichzeitig in die Top Hundert des Shops wandern, als würden sie sich gegenseitig anfeuern.

Jetzt hält es Sabrina nicht mehr aus und veröffentlicht ihr Buch. Leider erreicht sie damit nicht einmal die Top Tausend im Shop.

Doch glücklicherweise gibt es Facebookgruppen, in denen man sein Leid klagen und jede Menge Anteilnahme ernten kann. In den nächsten Wochen wird sich Sabrina wieder mehr den Diskussionen ihrer Gruppe widmen.

Oskar chattet mit Sabrina bei Facebook und rügt sie. Wäre sie gleichzeitig mit ihren Kolleginnen gestartet, hätte ihr Buch die Chance gehabt, bei den „Kunden kauften auch" dieser Titel einen guten Platz zu erzielen. Mit ihrer Warterei hat sich Sabrina alle Chancen vermasselt.

Oskar plant die Veröffentlichung seiner Thriller akribisch anhand der Termine von Kollegen. Er passt seine Cover und Titel passgenau an erfolgreichere Thriller an, um bei den „Kunden kauften auch"-Listen mehr Treffer bei interessierten Lesern zu erzielen. Damit konnte er bereits mehrere Verkaufserfolge verbuchen und durch wochenlange 99-Cent Aktionen auch die Haltbarkeit seiner Bestsellerrankings entscheidend verbessern. Zusätzlich übt er sich in Facebook- und „Amazon Advertising"-Werbung und bucht Newsletteraktionen bei renommierten Buchempfehlungsseiten wie xtme.de und lesen.net.

Oskar analysiert täglich alle Bücher in seinem Buchregal. Er liest die erfolgreichsten Romane, vergleicht Rezensionen, betrachtet die Titel, die diese Rezensenten auch gelesen und bewertet haben.

Daraus zeichnet Oskar ein aktuelles Bild seines Genres. Er kennt die Wendungen und Figuren, die aktuell gefragt sind und plottet seine Bücher exakt auf die Erwartungen der Leser. Er verwendet angesagte Begriffe im Titel und verspricht in seinen Klappentexten genau das, was seine Leser sich erwarten. Oskar schreibt übrigens seine Klappentexte, bevor er mit dem Schreiben seines Romanes beginnt – denn die

„Tagline“ und der Einführungstext sind für ihn der wichtigste Bestandteil eines neuen Buchprojektes.

Oskar hat seinen Job aufgegeben und schreibt nur noch Thriller für Kindle Unlimited, mit denen er sich einen mehr als ordentlichen Lebensunterhalt finanzieren kann. Verkauft ein Buch nach einigen Jahren bei Kindle nicht mehr, kündigt Oskar seinen Unlimited Vertrag und veröffentlicht auch bei der Tolinofraktion. Denn Oskar weiß: Bücher, die bei Kindle gut liefen, haben in der Folge auch gute Chancen bei Thalia, Weltbild und Hugendubel.

Ist es Ihnen aufgefallen? Oskar setzt sich intensiv und ausschließlich mit der Person auseinander, für die er arbeitet. Die Person, die seinen Lebensunterhalt finanziert. Die Person, die ihn beurteilt und über seinen weiteren Erfolg entscheidet.

Oskar beschäftigt sich intensiv mit den Wünschen, Hoffnungen und Gefühlen seiner Leserinnen und Leser.

Deshalb beteiligt sich Oskar nicht an fruchtlosen Diskussionen in Facebookgruppen, er hat keine Website und veröffentlicht keine Werbefilme auf Youtube. Das alles würde ihn nur Zeit und damit Geld kosten.

Zeit, die er besser in seinen nächsten Roman steckt.

Geld, das er in gezielte Verkaufswerbung investiert.

Oskar schreibt nicht für sich selbst. Oskar will die Welt nicht ändern. Oskar will keine Preispolitik gestalten und es ist ihm völlig egal, ob das Bildchen zwischen seinen Kapiteln ein „PNG“ oder ein „GIF“ ist. Oskar hängt sein Herz nicht an ein bestimmtes Coverdesign und liest negative Rezensionen genauso aufmerksam wie positive.

Oskar will sein nächstes Buch gut verkaufen, und der einzige Weg, wie das funktionieren kann, ist der über das Herz der Leserinnen und Leser.

Oskar schreibt seine Bücher, um zu unterhalten. Dabei erlaubt er sich selbst Freiheiten im Plot: Am besten schreibt Oskar, wenn er mit seinen Charakteren in den „Flow" kommt.

Nur eine Sache plant Oskar im Ablauf seiner Geschichten sehr detailliert: Den Gemütszustand seines Publikums im Fortlauf der Geschichte. Denn die Leserin will in einer Story versinken, aus dem Alltag entfliehen. Also muss Oskar sie packen und durch ein Auf und Ab durch die Geschichte führen. Oskar sieht sich sozusagen als ein Achterbahn-Designer. Sieht er, wie seine Kunden lachen, weinen und vor Erschrecken schreien, weiß er, dass er die Schikanen seiner neuen Bahn gut gesetzt hat.

Oskar erledigt die für die Leserin wichtigsten Erkennungsmerkmale seines Buches — den Titel, die Tagline und den Klappentext — vor Beginn der eigentlichen Schreibarbeit. Denn danach, das hat er oft genug erlebt, sieht er selbst den Wald vor lauter Bäumen nicht mehr. Dann neigt auch er dazu, sich in Details zu verlieren, den Kern seiner eigenen Erzählung nicht mehr zu finden.

Oskar kennt sein Buch. Und er kennt seine Leserin.

Tatsache ist, dass ein Autor, der sein eigenes Buch treffend beschreiben und sein Publikum exakt eingrenzen kann, sehr wahrscheinlich Bücher für die Top Hundert oder zumindest für gute Platzierungen in der Midlist schreibt.

Er kennt die Wünsche, Sehnsüchte und Interessen seiner Leser und Leserinnen. Er kann sie mit bestimmten Figuren, Motiven, Wendungen und Kulissen ans Buch fesseln – und er liefert regelmäßig genau das, was sich seine Leserin von ihm erwartet.

Er weiß, welche Farben, Bilder oder Schriften auf dem Cover funktionieren. Er erzeugt in seinem Klappentext erwartungsvolles Kribbeln bei interessierten Käufern.

Ein erfolgreicher Autor kennt seine Leserin und beliefert sie regelmäßig mit den guten Geschichten, die sie immer wieder gerne liest.

Jetzt höre ich manche Autoren lautstark schimpfen. Es kann und darf nicht die Rolle eines Autors sein, die Erwartungshaltung der Leser stumpf zu befriedigen! Ein wahrer Autor fordert seine Leser heraus, führt sie zu neuen Einsichten und Erkenntnissen, kurz: Er erweitert ihren Horizont!

Sehr wahr. Oskar zieht jetzt eine verschnupfte Miene. Denn er behandelt in seinen Krimis sehr wohl gesellschaftliche Themen, die aktuell und für den Leser auch herausfordernd sind. Er verpackt sie allerdings in eine spannende Geschichte, die gleichzeitig einer klassischen Form folgt. Oskar schreibt „Mainstream“. Deshalb kann er auch von seinen Büchern gut leben.

SECHS

Buchladen und Online-Shop

Der elektronische Buchmarkt für Selfpublisher hat sich 2019 weiter konsolidiert. Die Entscheidung, wo man das eigene Buch veröffentlichen sollte, ist dadurch leichter geworden.

Es gibt zwei große Anbieter: Das Kindle-System von Amazon mit etwa fünfzig Prozent Marktanteil und die fragmentierte Shoplandschaft von Tolino mit etwa fünfunddreißig bis vierzig Prozent Marktanteil. Gemeinsam beliefern diese beiden Unternehmen also fast neunzig Prozent der deutschen eBook-Leser. Weitere Portale wie Google Play und Apple iBooks sind im Vergleich zu Kindle und Tolino Nischenanbieter. Diese Zahlen stammen aus der Untersuchung des Bundeskartellamtes, das im Januar 2017 die Übernahme des technischen Betriebs der Tolino-Plattform durch das japanische Unternehmen Rakuten („Kobo") prüfte.

Laut GFK Studie lag Anfang 2017 der Umsatzanteil der eBooks am gesamten Buchmarkt bei 5,6 Prozent. Da als Grundlage für diese Zahl nur die Zahlen des Buchhandels verwendet werden, muss man einen geschätzten

Amazon-Anteil aufschlagen – es könnten also auch zehn Prozent oder etwas mehr sein. Dabei geht es nur um den Bruttoumsatz! Da von einem 9,99 € Taschenbuch im Buchhandel viel weniger Geld an den Autor ausgezahlt wird, wie von einem selbstpublizierten 2,99 € eBook, können die Autoren an dem kleinen 10 Prozent Anteil im Buchmarkt durchaus mehr verdienen, als an den gewaltig anmutenden 90 Prozent.

Geht man nach den bloßen Marktanteilen, dann steht also an erster Stelle Kindle, an zweiter Tolino – wer unternehmungslustig ist, kann sich auch Google Play, Apple iBooks und Kobo ansehen.

Doch Sie haben in diesen Shops nicht die gleichen Verkaufschancen.

Das hat einmal damit zu tun, wie die Shopanbieter mit dem Phänomen „Selfpublishing" umgehen. Amazon fördert seine selbstpublizierenden „Kindle Autoren" mit dem „Select"-Programm und präsentiert eBooks absolut diskriminierungsfrei in seinem Shop.

Anders sieht es bei Tolino aus: Thalia beispielsweise stellt Verlagsbücher eher in den Vordergrund, was einmal mit der traditionell größeren Nähe dieses Shops zum klassischen Buchhandel und den Verlagsdistributoren zu tun hat; aber sicher auch mit den höheren Preisen dieser eBooks. Bücher von Selfpublishern werden von buchhandelnahen Shops gerne etwas verschämt unter dem Menüpunkt „Self Publishing" versammelt.

Sie werden als Autor bei Tolino also bessere Chancen haben, wenn ein aktiver Distributor oder ein gut im Buchhandel vernetzter Verlag hinter Ihnen steht.

Auch der Verkauf der Lesegeräte hat einen Einfluss auf Leser: Tolino Geräte werden vielfach über den klassischen Buchhandel angeboten und verkauft, während Amazon mit Kindle und seinen Smartphone-Apps nur Online-Kunden anspricht.

Also sind die Herkunft dieser Leser und ihr gewohnter Kontakt mit Büchern unterschiedlich. Während der Leser bei Kindle über das Empfehlungssystem im Shop vor allem interessenbezogen umworben und auf Schnäppchen hingewiesen wird, präsentieren Thalia und Co aktuelle Spiegel-Bestseller und Neuerscheinungen von Verlagen.

Das zeigen auch die Bestsellerlisten: Bei Amazon bilden hier die Selfpublisher und „Prime"-Angebote den größten Anteil unter den Top Hundert, während bei Thalia oder Weltbild eher Verlagsbücher weit vorne stehen.

Gedruckte Bücher verkaufen sich im Buchhandel und werden bei Online Shops direkt gesucht und bestellt. Vergleichen Sie bei Amazon die Bestsellerliste „Bücher" mit der Bestsellerliste „Kindle eBooks". Es wird Ihnen auffallen, dass diese beiden Listen nur bei wenigen Titel übereinstimmen.

Die „Bücher"-Bestsellerliste wird sehr stark von den Werbemaßnahmen der Verlage, von der Spiegel-Bestsellerliste und den aktuellen Anforderungen von Schule und Beruf bestimmt. Die „Kindle Bestseller" hingegen entstehen aus den reinen Leseinteressen des eBook-Publikums.

Zwischen den beiden Planeten „Druck" und „Digital" liegen Lichtjahre. Ein aktueller Kindle-eBookbestseller mit mehr als zweitausend Digitallesern pro Tag findet zur gleichen Zeit vielleicht fünfzig Printkäufer – etwa zwei bis maximal fünf Prozent. Bei vielen Titeln liegt dieses Verhältnis sogar noch niedriger.

Ein aktueller Spiegel-Bestseller wird dagegen nur im seltensten Fall auch als eBook an die Spitze kommen. Denn im Amazon Shop gibt es keine „Stapelware"!

Sie können als Selfpublisher diese Zahlen nicht umdrehen. Ihr Territorium liegt im Digital-Shop, die Printausgabe Ihres Titels ist allenfalls für eingefleischte Papierleser oder für besondere Fans von Interesse.

Wollen Sie auch gedruckte Bücher verkaufen, brauchen Sie im ersten Schritt viele Digitalkäufer im Kindle Shop. Das macht es für Autoren von Reiseführern, Mal- und Kinderbüchern nicht leicht! Denn diese Kategorien sind immer noch eine Domäne der klassischen Verlage und des Buchhandels. Falls Ihr Buch nur im Farbdruck sinnvoll gelesen werden kann, etwa eine „Graphic Novel" oder ein Bilderbuch für Kinder, werden Sie einen Verlag finden oder auf künftige Entwicklungen in der Drucktechnologie warten müssen. Denn hier sind die Herstellungskosten immer noch extrem hoch.

Amazon hat ein eigenständiges eBook-Biotop aufgebaut, das sehr stark von den Selfpublishern und von Titeln, die von Amazon selbst veröffentlicht werden, bestimmt wird. Mancher erfolgreiche Verlagsautor, der in den letzten Jahren den Sprung in die „Indie-Welt" gewagt hat, musste feststellen, dass sein Bekanntheitsgrad im Buchhandel wenig bis gar keine Auswirkung auf die Leser im Kindle Shop hat.

Doch auf welche Leser trifft ein Autor im Kindle Shop?

Bei einer Untersuchung vom Börsenverein des Deutschen Buchhandels von 2005 wurden „Leser und Käufertypen" in acht Gruppen eingeteilt. Die größten Lesergruppen sind dabei:

Gelegenheitsleser: Ein Drittel aller Deutschen liest manchmal und kauft sehr selten Bücher. In dieser Gruppe befinden sich auch die Schüler und Studenten.

Ausleihende Leseratten: Ein Viertel aller Deutschen, davon in der Mehrheit Frauen, lesen mehr Bücher, als sie kaufen – sie leihen Bücher, um Geld und Regalplatz zu sparen.

Kaufende Leseratten: Sieben Prozent der Deutschen, mehrheitlich Frauen, kaufen und lesen sehr viel.

Regalsteller: Sieben Prozent der Deutschen kaufen Bücher aus Prestigegründen zur Wanddekoration, ohne einen Blick hineinzuwerfen

Der Rest setzt sich aus Weniglesern und „Buchresistenten" zusammen.

Gerade bei den schnell verfügbaren und oft sehr günstigen elektronischen Büchern dürften die ausleihenden und kaufenden, meist weiblichen Leseratten den größten Kundenanteil ausmachen; für sie sind die niedrigen eBook-Preise und Angebote wie „Kindle Unlimited" oder „skoobe" geradezu ein Geschenk des Himmels.

Wir können also vermuten, dass die Bestsellerlisten von Kindle zum größten Teil von weiblichen Leseratten bestimmt werden, die günstig kaufen oder gratis leihen.

Trotzdem finden auch männliche Gelegenheitsleser im Kindle-Shop passende Bücher. Das hängt auch mit dem allgemeinen Verhalten von Buchkäufern zusammen: Über sechzig Prozent stöbern gerne im Buchladen, nur sechzehn Prozent orientieren sich an den Bestsellerlisten, wie die gleiche Untersuchung des Börsenvereins aus 2005 aufzeigt. Bei ähnlichen Untersuchungen zum Kaufverhalten von Kunden bei Amazon zeigt sich das gleiche Bild; nur eine

Minderheit der Leser beachtet die Bestsellerlisten. Ein männlicher Leser wird also „seine“ Bücher finden, auch wenn sie nicht in den Top 10 der Bestseller aufscheinen.

Ende 2018 verschickte Amazon Publishing an einige seiner Autoren Auswertungen, welche Leserzielgruppen ihre Bücher gekauft hatten. Dabei ergab sich ein ganz klares Bild: Ein Top-20 Thriller erreichte zum Beispiel siebzig Prozent Leserinnen und 30 Prozent Leser. Zwei Drittel der Leserschaft waren 46 Jahre alt und älter – und nur ein Prozent jünger als fünfundzwanzig.

Bei einem Top-20 Liebesroman griffen achtzig Prozent weibliche Käufer zu, drei Viertel der Leserschaft waren über sechsundvierzig Jahre alt, wobei die Gruppen „46-55“, „56-66“ und „66 plus“ jeweils ziemlich genau ein Viertel der Leser ausmachten. Nur ein Viertel der Leser war unter sechsundzwanzig Jahre alt, sieben Prozent „26-35“ ... und wieder nur ein Prozent „18-25“.

Da es sich bei Facebook-Werbekampagnen über breite Zielgruppen oft ähnlich verhält – beispielsweise klickten 2019 achtzig Prozent Frauen auf die Werbeanzeige eines Thrillers, drei Viertel von ihnen waren über sechsundvierzig Jahre alt – können wir davon ausgehen, dass **die typische Leserschaft für Kindlebücher weiblich und durchschnittlich fünfundfünfzig Jahre alt ist**.

Findet also ein „Young Adult“-Liebesroman in die Top-10 des Kindle Shops, geht das sicherlich nicht auf das Konto begeisterter Jugendlicher, die sich dieses Buch gerne kaufen. Von denen gibt es nämlich gar nicht genug in der Kindle-Leserschaft, um ein Buch überhaupt in diese Verkaufsregionen zu transportieren. Auch hier hat die „Baby-Boomer“-Leserin zugeschlagen!

. . .

Carsten hat seinen Krimi bei Kindle hochgeladen und bei Select angemeldet – also können Kindle Leser, die die „Unlimited Leihe" abonniert haben, Carstens Krimi „gratis" ausleihen. Carsten bekommt dafür eine Entschädigung von etwa einem Drittel Cent pro gelesener Seite.

Das Buch läuft ganz ordentlich, Carsten verkauft durchschnittlich zwei Bücher pro Tag, dazu kommen „gelesene Seiten" aus den Leihen. Das müsste man doch entscheidend verbessern können, wenn man diesen Krimi auch bei Tolino veröffentlicht und damit die Leserreichweite verdoppelt!

Gesagt getan, Carsten meldet seinen Krimi bei Select ab und veröffentlicht auch über Tolino Media. Jetzt brechen die Käufe bei Amazon allerdings ein … und bei Thalia und Weltbild verkauft sich nichts.

Carsten ist empört. Nur weil er sich nicht mehr exklusiv an den Internetgiganten aus USA binden wollte, wird er als kleiner Autor bestraft! Warum ist dieser Konzern nur so nachtragend?

Was Carsten bedenken sollte: Als er seinen Krimi bei Amazon aus der Leihe nahm, schloss er den sehr aktiven Leserkreis der „leihenden Leseratten" aus, sein Buch findet also weniger Leser … und das führt zu einer sinkenden „Sichtbarkeit" im Kindle Shop.

Sehen Sie sich die aktuellen Kindle Charts an und zählen Sie in den Top 100 die Bücher, die keine Leihe anbieten. Sie werden sehen, dass nur eine Minderheit von Titeln ohne Leihe gut verkaufen kann.

Die Kindle-Charts haben sich seit den goldenen Anfangszeiten in einigen Punkten gewandelt. Fünf Jahre haben fünf große Veränderungen gebracht, die die Chancen für neue Titel unabhängiger Selfpublisher auf einen Platz in den Top 100 verringern:

Erstens hat Amazon die „Kindle Deals“ in den deutschen Markt übertragen. Hier werden über eine nicht immer transparente Methode ältere Buchtitel ausgesucht, als reduzierte „Deals“ prominent im Shop platziert und über Newsletteraktionen promotet. Da diese Kindle Deals von Amazon auch als Belohnung für treue Unlimited-Publisher eingesetzt werden, ist die Titelauswahl nicht immer auf aktuelle Leserinteressen optimiert und überwältigt die Leserinnen auch durch ihre schiere Menge — in manchen Monaten buhlen hunderte Titel um die Aufmerksamkeit der Leserschaft. Die Erfolgsaussichten für den einzelnen Autor in einem solchen Kindle Deal sind inzwischen begrenzt; doch natürlich belegen einzelne Titel immer wieder Chartplätze, je nachdem, bei welchen begleitenden Newsletteraktionen sie von Amazon beworben werden.

Zweitens hat Amazon Eigenmarken aufgebaut. Was als „Amazon Publishing“ begann, hat sich inzwischen zu einer bunten Verlagswelt vom „M“-Thriller bis zu heißer „Montlake“-Romantik entwickelt. Während in den ersten Jahren Amazon-Verlagstitel in den Charts kaum eine Rolle spielten, operiert der Konzern inzwischen wesentlich zielgerichteter und setzt wirksamere Werbemittel ein, was dazu führt, dass Amazon Publishing Titel regelmäßig in die Top Zwanzig eindringen.

Drittens hat Amazon sein „Prime“-Premiumkundenangebot von Filmen und Musik auch auf Kindle eBooks erweitert und bietet vierteljährlich eine bunte Mischung von Titeln einem Millionenpublikum zum „Gratislesen“ an. Obwohl es sich hauptsächlich um Leihen handelt, ein Charterfolg über „Prime“ also von geringer Nachhaltigkeit ist, werden die Top Hundert durchaus in Bewegung gebracht. Da Amazon seine Millionen Prime-Kunden mit unterschiedlichen Newsletteraktionen aktiviert, ist auch nicht vorherzusagen, welche der „Prime Titel“ wann in den Top 100 auftauchen werden.

Viertens haben erfolgreiche Selfpublisher über die Jahre eigene Leserkreise aufgebaut, die sie über Social Media oder Newsletter erreichen können. Ein Newsletter mit einigen tausend treuen Lesern kann durchaus einen prominenten Platz in den Kindle Charts erzeugen — ist das Buch dann auch noch massentauglich produziert, kann es sich durch die Empfehlungsmechanik im Shop auch lange ganz oben halten.

Fünftens haben sich die Werbeetats stark vergrößert. Erfolgreiche Autoren, die aus ihren Büchern sechsstellige Umsätze im Jahr erwirtschaften, können natürlich höhere Budgets planen. Dazu gehören nicht nur reine Werbeaktionen, sondern auch professionell erstellte Cover, umfangreiche Vorab-Leserunden und hochwertige Lektoratsarbeit.

Ist es also in den letzten Jahren für neue Autoren völlig unmöglich geworden, in diese magischen „Top Hundert“ der Charts einzusteigen und mit den eigenen Werken mehr Leser zu erreichen und Geld zu verdienen, als es sich ein klassischer Verlagsautor jemals ausmalen kann? Nein, das ist es nicht.

Doch der Wettbewerb ist härter geworden. Auch 2020 kann ein unabhängiger Selfpublisher ein Werk an den Markt bringen, das in der „Bild“-Bestsellerliste (eine Kooperation von Amazon und Springer Verlag) völlig gleichberechtigt neben den Titeln der größten Verlage steht. Dafür muss er neben den formalen Qualitätsansprüchen allerdings auch inhaltlich das liefern, was einen „Bestseller“ ausmacht.

Es gehört schon etwas dazu, einen Bestseller zu schreiben. Der Autor muss seine Leser und ihre Wünsche kennen. Er muss den Markt beobachten, Änderungen und Strömungen erkennen und flexibel darauf reagieren. So wie die Verlage seit hundert Jahren ihr Zielpublikum genau beschreiben können und passende Lektüre am Markt platzieren, so muss auch ein Selfpublisher sich mit seinen Lesern auseinandersetzen.

Doch wie soll die interessierte Leserin ausgerechnet unser Buch finden? Es ist nur eines in einer schier unübersehbaren Masse von tausenden Titeln, die jede Woche neu veröffentlicht werden!

Während der Buchhändler sein Angebot saisonbedingt, thematisch und aktions- beziehungsweise auflagengetrieben präsentiert, versuchen moderne Online-Shops das Interesse des einzelnen Kunden zu erraten und das Angebot jeweils für ihn zu optimieren.

Elektronische Shopsysteme funktionieren dabei aufgrund bestimmter Mechaniken oder „Algorithmen". Mit komplexen Berechnungen wird der Leserin das Durchsuchen der eBooks erleichtert; bei Millionen von Produkten würde sonst das lustvolle Stöbern schnell zu einer aussichtslosen Reise in die Beliebigkeit.

Dabei gibt es bei den eBook-Shops grundsätzlich zwei Strategien: Man empfiehlt Produkte, die den Leser glücklich machen – oder versucht, profitorientiert vorzugehen.

„Profitorientiert" bedeutet, dass dem Leser im Zweifel die Buchempfehlung präsentiert wird, die dem Shopbetreiber einen höheren Gewinn verspricht. Für einen Selfpublisher ist es hingegen überlebenswichtig, dass die eigenen Bücher im Shop in erster Linie an Leserinnen verkauft werden, die gut zu dem Buch passen und damit zu seinen Stammlesern werden.

Da Amazon traditionell die Kundenzufriedenheit über den eigenen Profit stellt, ist dort auch die Wahrscheinlichkeit tendenziell höher, dass ein neuer Autor seinen Leser findet.

Amazon ist daran interessiert, den Besucher seines „Kindle Shops“ mit Buchtipps zu versorgen, die dieser interessant und lesenswert empfindet. Also dem Leser passenden, günstigen Lesestoff zu empfehlen.

Die oft gestellten Fragen: „Warum kommt mein Buch im Shop nicht hoch“, „warum kaufen nur so wenige Leser mein Buch“, „warum ignoriert mich Amazon“ oder „warum verkauft Amazon mein Buch nicht“, lassen sich deswegen meist mit einem Satz beantworten:

Weil der Shop nicht weiß, wem er Ihr Buch empfehlen soll.

SIEBEN

Das Ziel von Amazon

Seit Mitte der neunziger Jahre, als mit Amazon das Kaufen im Web seinen Anfang nahm, suchen Programmierer fieberhaft nach Methoden, wie Produkte automatisiert an passende Käufer vermittelt werden können; schließlich ist der größte Vorteil von elektronischen Shops der, dass damit kostenintensives Beratungspersonal vor Ort eingespart werden kann.

1995 gründete der Informatiker und Unternehmer Jeff Bezos die Webseite Amazon als neuartige Buchhandelsplattform. Bezos war und ist weder ein Buchhändler noch selbst eine leihende Leseratte. Er entschied sich für Bücher als erstes Produkt für seinen Shop, weil Bücher zu diesem Zeitpunkt bereits durch die Distributoren für den klassischen Buchhandel in Datenbanken organisiert vorlagen und mit ihrer „ISBN"-Nummer bereits seit den Siebzigerjahren auch weltweit eindeutig indexiert sind – gefundenes Fressen also für ein Computersystem. Bücher lassen sich durch ihre standardisierte Größe zudem problemlos lagern und versenden.

Was Bezos allerdings neu erfand, war ein Shop- und Empfehlungssystem, das seiner Zeit weit voraus war.

Dieses Amazon Empfehlungssystem, von dem hier noch oft die Rede sein wird wurde 1998 zum Patent zugelassen. Unter der Nummer „US 6266649 B1“ lässt es sich googeln und mit Kurzbeschreibung, Schaubildern und Codebeispielen als PDF einsehen.

Die Kunst, im elektronischen eBook-Markt von Amazon mit den eigenen Titeln sichtbar zu werden und seine Leser zu finden, hängt direkt davon ab, dieses „Item to Item“ Empfehlungssystem von Amazon zu verstehen und und für das eigene Buch zu nutzen.

Erfahrene Selfpublisher kennen das Verhalten eines neuen Titels: In den ersten Tagen nach der Veröffentlichung schnellt das Buch in den Charts hoch, da die Fans sofort kaufen; mit Werbung über Facebook und Buchempfehlungsseiten kann dieser schnelle Anstieg zusätzlich unterstützt werden.

Dann scheint das Buch zu verharren, stürzt in vielen Fällen geradezu ab. Dieser Absturz nach den ersten erfolgreichen Tagen wurde oft den Buchpiraten und ihren Raubkopien zur Last gelegt; da aber dieses Verhalten von eBooks auch nach Stilllegung der größten Piratenseite im Frühjahr 2017 gleich geblieben ist, scheint ein anderer Grund dahinter zu stehen.

Tatsächlich liegt die Verkaufsschwäche neuer Titel in den ersten Tagen ihres Bestehens am zeitlichen Ablauf der Empfehlungsmechanik im Amazon-Shop.

Es geht im gesamten Shop immerhin um viele

Millionen Kunden und viele Millionen Produkte. Müsste nach jedem Kauf die Verbindung zwischen ähnlichen Titeln neu berechnet werden, würde das System schnell an seine Grenzen kommen.

Sobald Sie ein Produkt kaufen, passen sich die Empfehlungen jedoch ohne spürbare Verzögerung sofort an: Die Mechanik greift auf eine feste Datenbasis zu, die im Hintergrund bereit liegt. Diese Datenbasis wurde Tage oder Stunden vor Ihrem Kauf bereits berechnet. Es sind also in diesen Empfehlungen die neuesten Produkte noch nicht enthalten.

Das „Item to Item“ Empfehlungssystem von Amazon ist durch die Berücksichtigung des Kaufverhaltens ähnlich tickender Kunden sehr leistungsstark. Da die Berechnung dieser Zusammenhänge aufwändig ist, findet sie nicht laufend, sondern in festgelegten Abständen statt.

Um überhaupt Empfehlungen berechnen zu können, müssen natürlich Ereignisse stattfinden, die Amazon berechnen kann. Dabei ist das niedrigste Ereignis der reine „Klick“, das nächsthöhere der Kauf, noch höher werden Sternbewertungen gewertet.

Die Amazon Empfehlungsmechanik ist in zwei Stufen angelegt. Während die Produktempfehlungen auf Basis der Käufe, Bewertungen und Klicks der Kunden in Echtzeit, also sofort berechnet werden, liegt die dafür verwendete Datenbasis „ähnlicher Titel“ statisch vor.

Diese statische Datenbasis nimmt neue Titel mit einigen Tagen Abstand zur Erstveröffentlichung auf, sobald genügend Verkäufe stattgefunden haben. Man kann diese Mechanik im Shop verfolgen: Zuerst wird bei einem eBook der Verkaufsrang, dann die Leiste „Kunden haben auch angesehen“, schließlich die Leiste „Kunden kauften auch“ angezeigt.

Haben Sie ein Buch veröffentlicht, das keine Käufer findet, kann diese „Kunden kauften auch“-Leiste nicht berechnet werden — Ihr Buch wird im Shop keinen Lesern präsentiert und wird sich auch weiterhin nicht verkaufen.

Sobald jedoch eine bestimmte Anzahl von wahrscheinlich mindestens zwanzig bis etwa fünfzig Käufen stattgefunden hat, wird ein Produkt in die regelmäßig im Hintergrund ablaufende „Berechnung ähnlicher Produkte“ aufgenommen.

Dabei werden die von Kunden „auch gekauften“ Produkte gezählt und über eine Formel diesen Produkten eine Gewichtung gegeben.

Bei dieser Ähnlichkeitsberechnung werden Käufe voll bewertet, in einer Gratisaktion verschenkte eBooks mit einem sehr niedrigen Faktor und verliehene „Unlimited“-Bücher gar nicht. Das kann man gut bei „Prime“-Aktionen sehen, wo von Amazon beworbene Leihtitel schnell aufsteigen, nach Ablauf dieser Aktion aber genauso schnell wieder in der Versenkung verschwinden.

Wird zwischen zwei Produkten eine hohe Ähnlichkeit festgestellt, also haben sich überdurchschnittlich viele Kunden für den Kauf beider Produkte entschieden, wächst die Wahrscheinlichkeit, dass weiteren Lesern, die sich für eines der beiden Produkte entschieden haben, jeweils das andere empfohlen wird.

Die Amazon-Empfehlungsmechanik fußt also nicht auf „Vermutungen“ und „Erfahrung“. Dass Ihnen nach Kauf eines Kinderwagens auch Windeln und Babybekleidung angezeigt werden, ist keine feste Vorgabe eines wissenden

Verkäufers. Diese Empfehlungen entstehen, weil tatsächlich viele Kunden nach dem Kauf eines Kinderwagens weitere Produkte für ihr Neugeborenes kauften.

Seine Grenzen findet das System, wenn es von außen künstlich beeinflusst wird, wenn nicht Leser mit ihren Interessen, sondern gezielte Werbemaßnahmen den „Item to Item"-Algorithmus aus dem Takt bringen. Wenn etwa heute ein Aufreißer-Ratgeber für Männer und morgen ein Diätratgeber für Frauen in einer Kostenlosaktion breitflächig über Schnäppchenseiten im Web beworben wird. Dann „glaubt" die Empfehlungsmechanik wegen der vielen blinden Parallelkäufe an eine Ähnlichkeit zwischen Verführungstricks und schlankem Po … und empfiehlt in der Folge munter die flotten Anmachersprüche den diätinteressierten Damen und die Schlankmacherrezepte den Möchtegerncasanovas.

Das führt wiederum zu grottigen Klickzahlen und wertet in der Folge beide Bücher ab – die Empfehlungsmechanik ist lernfähig!

Diese „Item to Item"-Empfehlungsmechanik ist auch eine Abkehr von einer jahrhundertealten Verkäuferpraxis, die den eigenen Profit an die erste Stelle stellt. Amazon ist mit diesem System für viele Jahre durch schmerzhafte Verluste gegangen – und hat sich dabei den immens wertvollen Ruf aufgebaut, dass tatsächlich der Kunde im Mittelpunkt steht. Amazon empfiehlt nur Produkte, die andere Kunden gut fanden. Bei den vielen Vorwürfen, die diesem Handelsgiganten gemacht werden, tauchen Begriffe wie „zu teuer" oder „über den Tisch gezogen" nicht auf: Amazon gilt allgemein als günstig, schnell und verlässlich.

. . .

Die Amazon-Empfehlungsmechanik beachtet Genre, Autorennamen oder den Inhalt eines Buches nicht. Es werden Ihnen nach dem Kauf eines Stephen King Buches nicht stumpf „weitere Bücher dieses Autors“ vorgestellt. Erst, wenn tatsächlich viele Kunden durch ihre Käufe bewiesen haben, dass diese Bücher „ähnlich“ sind, werden auch sie empfohlen.

Das ist ein Vorteil für neue Autoren, die ähnlich oder gar besser wie die großen Vorbilder schreiben – werden sie von Lesern entdeckt, kann das interessante „Ähnlichkeiten“ ergeben und der Autor kann „seine“ Leser in einem umfangreichen Kundenkreis finden.

Kauft der Leser Hans einen Krimi und bewertet diesen auch noch gut, so wird das bei diesem Krimi vermerkt. Kauft Anneliese das gleiche Buch wie Hans, hat das System eine Übereinstimmung zwischen diesen Lesern entdeckt – beide Kunden interessieren sich für genau dieses Produkt.

Amazon liest nun aus seiner Datenbank weitere Titel heraus, die Anneliese und Hans jeweils gekauft haben, und präsentiert sie den beiden – beispielsweise als „Empfehlungen für Sie“ oder bei „das könnte Sie auch interessieren“.

Steigen beide Leser auf diese Empfehlungen ein, dann hat der Amazon-Algorithmus einen „Leserkreis“ entdeckt, also eine Interessentengruppe, die sich für ähnliche Titel in diesem Umfeld interessiert.

Dabei spielt es keine Rolle, welches Genre das neue Buch hat. Das Interessenspektrum eines Lesers, so die Erkenntnis von Amazon, ist bedeutend vielgestaltiger als das eines reinen „Krimilesers“.

Hans kann als Krimifreund von den Entdeckungen

Annelieses profitieren – doch da die Berechnung der Kundenkreise rein auf Titeln basiert, kann Hans auch noch in vielen weiteren Kundenkreisen verknüpft sein. Hans könnte beispielsweise auch noch Military Sci-Fi mögen, während Anneliese neben den Krimis noch Romanzen liest. Anneliese steigt auf Sci-Fi allerdings gar nicht ein; und Hans ist von Liebesgedöns gelangweilt. Der Amazon Algorithmus ist in der Lage, solche Überschneidungen sehr treffsicher aufzuspüren und zu unterscheiden. Hans bekommt also neben Annelieses Krimis auch Raumschlachten empfohlen, während Anneliese ihren Romantiknachschub aus einem anderen Leserkreis bezieht.

Was die Analyse eines Produktes auf der Amazon Website manchmal schwierig macht, ist **die „Unschärfe", die dem Amazon System eigen ist**. Der Shop von Amazon ist auf Geschwindigkeit optimiert, weil die den Verkauf allgemein fördert. Das macht eine Vielzahl von dezentralen Speichersystemen notwendig, die eine Auslieferung der Produktseiten in allen möglichen Orten der Welt auf Hochleistung optimiert. Rufen Sie also Ihre Buchseite bei Amazon auf, wird die nicht von einem aktuell gehaltenen „Zentralcomputer" ausgeliefert, sondern von einem Ihrer Region möglichst nahe gelegenen Untersystem, auf dem die Webseiten fest vorgespeichert („cashed") sind. Diese Untersysteme werden zu unterschiedlichen Zeiten aktualisiert. Es kann also sein, dass Sie in München eine neue Rezension zu Ihrem Roman erst mit Stunden Verspätung zu sehen bekommen, während Ihr Kollege in Berlin sie längst schon lesen kann.

Auch andere Bestandteile Ihrer Buchproduktseite, wie etwa die „Kunden kauften auch" Leiste, können sehr wohl existieren, aber werden vielleicht gerade zu diesem Zeitpunkt in Ihrer Region nicht ausgeliefert.

Karlo ist zufrieden. Keine drei Tage nach dem Hochladen seines neuen Fantasyabenteuers ist der Rang des Buches zu sehen und nach der xtme-Werbeaktion wird auf seiner Buchproduktseite die Leiste „Kunden kauften auch" angezeigt. Dort sieht er andere, aktuelle Fantasybücher und freut sich schon auf die kommenden Verkäufe.

Doch Karlos Roman läuft nicht! Er hat es gerade in die Top siebenhundert geschafft, und fällt nun täglich um tausend Rangplätze. Hat er das falsche Cover gewählt? Passt der Klappentext nicht? Eine kurze Amazon Advertising Kampagne zeigt auf: Das Buch klickt gut und verkauft auch gut. Aber im Shop selbst läuft gar nichts!

Als Karlo entnervt die „Kunden kauften auch"-Leisten der mit ihm verknüpften Bücher durchklickt, fällt ihm etwas auf. Sein eigenes Buch wird bei keinem anderen Titel angezeigt! Die Amazon Verknüpfung scheint nur in eine Richtung zu laufen. Gespannt wartet Karlo eine Woche ab, doch es tut sich nichts. Sein Buch rangiert inzwischen auf Rang dreißigtausend.

Auch Mails an den Support führen zu keiner Änderung. Karlo beschließt, sein Buch aus dem Verkauf zu nehmen und neu zu veröffentlichen.

Wenige Stunden bevor Karlo die Reißleine zieht, kommen plötzlich Käufe, das Buch klettert die Rangleiter hoch. Karlo überprüft noch einmal die „Kunden kauften auch"-Leisten der „auch gekauften" Bücher … und siehe da: Sein Roman wird überall angezeigt! Einen Tag später knackt Karlos Fantasyabenteuer die Top fünfhundert im Shop.

Auch bei Amazon kann es zu Fehlern kommen. Dass ein Buch von der Empfehlungsmechanik „vergessen" wird, kommt relativ selten vor; wenn es geschieht, gibt es allerdings meist einer Häufung solcher Fälle. Erfahrungsgemäß renkt sich das System nach einigen Tagen ein – manchmal dauert es aber auch länger. Wie komplex der Programmdschungel hinter der glatten Website von Amazon aussieht, wissen nur die bestens abgeschirmten Programmierer. Weshalb sich auch der Support in solchen Fällen gerne hinter vorgefertigten Floskeln versteckt.

Mit diesem System der Verbindung von Büchern zu Käufern entstehen im Amazon Shop Käuferkreise, die beliebig umfangreich sind und sich beliebig überschneiden können. Es wird auch berechnet, wo sich ein Produkt in einem Leserkreis befindet – ist es näher am Kern oder eher am Rand angesiedelt, wird es nur, selten oder häufig „auch“ gekauft.

Wenn Sie jetzt denken, dass Sie mit Ihrem Buch im Kindle-Shop einer kalten, seelenlosen Computermechanik unterworfen sind, dann haben Sie völlig recht.

Sie können sich als Autor weigern, die Konsequenzen dieser Mechanik zur Kenntnis zu nehmen und verkaufsfördernd für Ihr Produkt zu nutzen – Sie sind schließlich nicht dazu verdonnert, einen Bestseller zu veröffentlichen.

Oder Sie können genau diese Funktionen des Shops nutzen, um Ihre Leser zu finden.

Die Kunst des erfolgreichen eBook-Verkaufs im Kindle Shop ist es nun, mit dem eigenen Titel in die „Leserkreise“ erfolgreicherer Titel einzudringen und durch die Amazon-Empfehlungsmechanik neue, interessierte Leser zu erreichen.

ACHT

Das Lesepublikum im Shop

Leserinnen und Leser besuchen den eBook-Shop, weil sie gerne ein gutes Buch lesen wollen. Manche suchen gezielt nach bestimmten Begriffen, Kategorien oder Autoren; manche lassen sich von Empfehlungen leiten; manche beginnen bei einem vorgestellten Titel und stöbern durch weitere Empfehlungen wie etwa „Kunden kauften auch“; manche betrachten die aktuellen Bestseller.

Aber immer bekommen Leser nur einen sehr kleinen Ausschnitt des Angebotes zu sehen; laut Amazon umfassen die „Neuerscheinungen der letzten dreißig Tage“ Ende 2019 acht- bis neuntausend deutschsprachige eBooks, das entspricht knapp dreihundert neuen Titeln am Tag.

Davon erscheinen täglich knapp vierzig Liebesromane, etwa dreißig Krimis und Thriller, zwanzig mal Fantasy & Science Fiction und fünfzehn bis zwanzig Erotikwerke.

Durchschnittlich ein Drittel dieser neuen eBooks wird bei Select angemeldet und läuft damit in der „Unlimited“ Leihe. Insgesamt umfasst der Kindle Shop 2019 über eine halbe Million deutsche Titel!

Anders als der freundliche Buchhändler um die Ecke,

ist ein elektronisches Shopsystem von sich aus nicht in der Lage, den Inhalt eines Buches zu erfassen. Ob das Buch eine Romanze, ein Vampirthriller oder ein Krimi ist, weiß der Shop nur aus Angaben des Autors selbst; und diese sind aus Sicht des Shops sehr vorsichtig zu bewerten.

Nicht wenige Autoren neigen dazu, mit der Kategoriewahl mehr Leser erreichen zu wollen – kommt im Krimi eine verführerische Hexe vor, könnte man ja auch gleich zusätzlich die Fantasy- und Erotikleser mit einfangen! Dem Empfehlungssystem ist es deshalb (bis auf die Ausnahme „Erotik") völlig egal, welche Kategorie Sie für Ihr Buch ausgewählt haben.

Der Käufer steht im Mittelpunkt: Er entscheidet über Wachstum oder Untergang eines Shopanbieters. Also versucht der elektronische Shop, die Interessen des Käufers möglichst exakt zu erraten und ihm geeignete Produkte vorzuschlagen.

Der klassische Buchhändler hat eine Reihe von Entscheidungsgrundlagen, welche Bücher er ins Schaufenster stellt oder einem Kunden in die Hand drückt. Die erste und wichtigste aus Sicht des Kunden ist, dass der Buchhändler komplexere Entscheidungen treffen kann als ein noch so umfangreiches Rechenmodell – auch ein Buch, das auf ersten Blick „anders" ist, kann eine sehr treffende Empfehlung sein. Das macht den Besuch bei einem engagierten und erfahrenen Buchhändler zum Erlebnis und erweitert den Lesehorizont seiner Kunden.

Der Buchhändler weiß auch, welche Bücher eines Autors sich bisher gut verkauft haben, welche gut bewertet wurden. Er empfiehlt also aus seiner persönlichen Erfahrung heraus potentiell erfolgreiche Titel.

Das tut der Kindle Shop nicht. Wohl wird in den Datenbanken vermerkt sein, dass die Bücher eines Autors bestimmte Leserkreise gut erreichten; aber dass diese zufriedenen Leser auf den nächsten Titel dieses Autors warten, ist eine reine Vermutung. Die Empfehlungsmechanik schätzt nicht, sondern bewertet jeden neuen Titel stur nach Käufen und Bewertungen.

Das ist sicher ein Nachteil für Autoren, die mit einigen Titeln bereits erfolgreich waren, mit jedem neuen Buch aber aufs Neue ihre Leser finden und überzeugen müssen.

Das „Item to Item"-System von Amazon stellt aber auch einen Vorteil für neue Autoren dar. Denn jedes neu im Shop hochgeladene Buch hat damit grundsätzlich die gleichen Startbedingungen.

Natürlich muss ein Buchhändler auch seinen Lagerbestand, die Vereinbarungen mit Lieferanten und Marketingaktionen von Verlagen beachten. So sind viele vom Buchhändler empfohlene Bücher – beispielsweise auf dem „Bestsellerturm" neben der Kasse – vom Verlag gekaufte Werbeaktionen; der Buchhändler ist damit reiner Vertriebskanal für den Verlag. In hoher Auflage angelieferte Titel werden also allein aus Lagerhaltungsgründen eher empfohlen werden, als Kleinauflagen.

Für ein Buch, das in einer kleinen Auflage gedruckt wird, ist es deshalb kaum möglich, ein „Spiegel Bestseller" zu werden; ist ein Buchhändler dagegen „überliefert", muss er seinen Kunden Bücher andienen, die er selbst vielleicht nicht kaufen würde.

Diese „Auflagenthematik" kennt der elektronische Shop nicht. Jedes eBook ist einmal vorhanden und kann unendlich oft verkauft werden. Es ist dem Shop also egal, ob ein Buch auf Platz eins glänzt, oder jenseits der Position hundertfünfzigtausend im dunkelsten Keller des Shops verrottet.

Natürlich können Sie selbst einen Buchhändler besuchen und sich und Ihr Buch vorstellen – eine Vertriebsaufgabe, die auch Autoren renommierter Verlage kennen. Bei Sympathie wird er Ihr Buch nach vorne legen, auch wenn er sich nicht den größten Umsatz damit verspricht. Einen solchen „Mitleidsfaktor" kennt der eBook-Shop nicht; es nützt also nichts, Bittbriefe an Amazon zu schicken. Typischerweise schotten sich elektronische Shops gegenüber ihren Lieferanten völlig ab, sofern es nicht um bezahlte Werbung geht.

Wird ein Buch sehr selten gekauft, wird die Empfehlungsmechanik im Shop nicht anlaufen. Das Buch wird keinem Leser empfohlen – und verkauft sich auch weiterhin nicht.

Das Buch verkauft sich nicht – also verkauft es sich auch in Zukunft nicht. Dem Shop ist das egal. Wie kann ein Autor diesem Teufelskreis entkommen?

Er muss dafür zwei Stufen nehmen.

Das Buch muss im ersten Schritt Käufer finden – zwanzig bis maximal fünfzig Käufe sollten am Anfang reichen. Dann beginnt die Empfehlungsmechanik, diesen Titel weiteren Lesern vorzuschlagen.

Wenn der Titel nun weiteren Kunden empfohlen wird, müssen einige dieses Buch auch tatsächlich kaufen – sonst fällt es spätestens eine Woche später aus der Empfehlungsmechanik des Shops wieder heraus.

Leider scheinen bei Kindle die „Unlimited"-Leihen für die Empfehlungen nicht mitzuzählen, es müssen also „echte Käufe" sein, was bei typischen „Unlimited Büchern" wie Liebesromanen, romantischen Komödien, Thrillern oder heißen Romances die Wartezeit auf die ersehnte „Kunden kauften auch" Leiste verlängern kann.

Diese „Erstkäufer" sollten sinnvollerweise passende Leser, also Fans des Genres sein. Sie bilden ein „Käuferfundament", von dem aus weitere interessierte Leser ausgemacht werden können.

Celine hat ihren ersten romantischen und thrilligen Urban Fantasyroman veröffentlicht; jetzt will sie alles dafür tun, dass das Buch im Shop gut verkauft wird! Sie lässt sich in einer Autorengruppe überreden, doch einmal in einer „Rezensionsgruppe" vorbeizuschauen … und findet dort freundliche Ansprechpartner, die ihr gute, ehrliche und absolut vertrauenswürdige Bewertungen versprechen, inklusive „verifizierten Käufen". Ein kleiner Unkostenersatz muss bezahlt werden, das ist Celine klar. Eine Woche später zieren über sechzig Rezensionen mit einem Durchschnitt von 4,8 Sternen ihr Buch! „Tolles Buch", „habe ich durch Zufall gefunden", „wurde mir von einem Freund empfohlen" …

Celine erreicht allein schon durch diese Bewertungen und damit verbundenen „verifizierten Käufe" einen Rang von 1.500 im Shop, dann flacht die Kurve ab und eine Woche später liegt der Roman im Keller, abgestürzt auf Rang 65.000.

Warum konnte ihr Roman im Shop nicht „greifen"? Fragt sich Celine und betrachtet ihr Buch auf der Webseite im Kindle Shop. Da entdeckt sie, dass in der „Kunden kauften auch" Leiste eigenartige Titel stehen. „Reich werden mit Bitcoin", „Die 3-Tage High-Carb Diät", „Besser Pokern: Die 7 besten Tricks" und „Schneller Daten und Frauen flachlegen" sind die Top-Titel in ihrer „Kunden kauften auch"-Leiste.

Celine kommt ein Verdacht. Das müssen Titel sein, die von den gekauften Rezensenten gleichzeitig rezensiert und wegen des „verifizierten Kaufs" „auch gekauft" wurden … ob das etwa ihren Titel negativ beeinflusst?

Ja, Celine hat tatsächlich mit dem unsinnigen Kauf von Rezensionen ihren Titel nachhaltig beschädigt; die Amazon Empfehlungsautomatik versucht nun, den Fantasyroman an Kunden zu verkaufen, die an schnellem Dating und Pokertricks interessiert sind. Amazon bleibt dabei natürlich erfolglos und wertet Celines Roman gnadenlos als „unverkäuflich" ab.

Gelingt es Ihnen, mit Ihrem Liebesroman auch nur eine Handvoll romantiktrunkener Leseratten zu gewinnen, kann die Empfehlungsmechanik optimal arbeiten und weitere potentielle Fans Ihres Buches finden. Damit diese Leserinnen auf die automatische Empfehlung Ihres Buches durch den Shop auch tatsächlich einsteigen und begeistert kaufen, muss ihnen allerdings deutlich signalisiert werden, dass das das richtige Buch für sie ist.

Passt das Cover in seiner Farbgebung, Ausgestaltung und Ikonografie zu dem Leserkreis, in dem es empfohlen wird? Passen Titel, Autorenname und Klappentext zu diesem Lesepublikum?

. . .

Jeder Leserkreis hat seine eigenen Vorstellungen, was ein lesenswertes Buch ist.

Wollen Sie Ihr Buch einem solchen Leserkreis anbieten, werden Sie die Regeln und Vorstellungen dieser Leser befolgen müssen: Ein zum Leserkreis in all seinen Einzelheiten passendes Buch ist die wichtigste Voraussetzung, um überhaupt im Kindle Shop mitspielen zu können.

Wird ein Titel nicht von einer passenden Leserin entdeckt, gibt es auch keine Chance auf Empfehlungen im Shop. Damit die Verkaufsmaschine anläuft, muss sie mit dem passenden Treibstoff gestartet werden!

NEUN

Wie die Leserin Ihr Buch erkennt

Die Grundlage für eine Kaufentscheidung ist immer eine positive Assoziation der Leserin. Sie verbindet psychische Erfahrungen wie etwa ein Gefühl oder eine Wahrnehmung, die sie aus einer Geschichte mitgenommen hat, mit kognitiven Elementen wie den Farben eines Covers, den Worten in einem Titel, der Ankündigung emotionaler oder sachbezogener Inhalte im Klappentext oder einem Autorennamen.

So erzeugt in uns allein der Name „Dan Brown" ein anderes Gefühl als „Rosamunde Pilcher" oder „Karl May"; ein Totenkopf bewirkt andere Assoziationen als ein Strandkorb; ein schwarzes Cover andere als ein rotes; das Wort „Sehnsucht" im Titel andere als „Blutdurst", der Hinweis auf die große Liebe im ersten Satz des Klappentextes andere, als ein schwieriger Fachausdruck aus der Gentechnik.

Hier ist es wichtig, einerseits mit Cover, Titel und Klappentext eine positive Assoziation der Leserin abzurufen; andererseits aber auch zu „liefern". Gezielte Desinformationen, mit denen Leser angelockt werden sollen, werden meist mit bösen Rezensionen bezahlt.

Um zum Beispiel von Hans und Anneliese zurückzukehren: Hans schätzt klassische Detektivkrimis mit funktional ausgeklügelten Plots. Anneliese liebt Rätsel, britische Lebensart und kluge Männer. So assoziieren beide englische „Cosy Krimis" mit einem positiven Gefühl; und beide haben gelernt, dass Cover mit einem englischen Landhaus, einer bestimmten Titelform und bestimmten Autorennamen ihnen diese gute Erfahrung wieder und wieder vermitteln können.

Sollten Sie also Krimis mit britischem Setting und männlichem Detektiv schreiben, wäre es sicher eine gute Idee, Hans und Anneliese um Rat zu fragen: **Wie muss mein Buch aussehen, damit es bei euch die korrekte Assoziation auslöst?**

Sie finden Hans und Anneliese dort, wo die beiden sich immer wieder herumtreiben – im Kindle Shop von Amazon. Dort hinterlassen die Kunden deutliche Spuren, die Sie in der „Kunden kauften auch"-Leiste sehen und in den Rezensionen nachlesen können.

Die „Kunden kauften auch"-Leiste bei einem Titel im Kindle Shop gibt einen Einblick in die Daten, die der „Item to Item"-Algorithmus von Amazon gesammelt hat – und welche dieser Titel erfolgreich empfohlen wurden.

Sie ist ein Abbild des Käuferverhaltens und lässt zum Beispiel in den ersten Wochen Rückschlüsse auf die Empfehlungen zu, die durch den Autor selbst bei Fans oder Freunden erfolgten.

Roberta schreibt Kochbücher; über Facebook hat sie andere Autorinnen kennen gelernt und so auch in eine Gruppe gefunden, in der Autoren sich gegenseitig unterstützen. Zum Guten Ton in dieser Gruppe gehört es, wechselseitig alle Bücher zu kaufen; seit die Gruppe über hundert Mitglieder hat, ist dadurch sogar ein guter Ranganstieg kurz nach Veröffentlichung eines neuen Titels möglich.

Doch dieser Erfolg scheint bei Roberta nicht dauerhaft zu wirken. Auch bei ihrem neuen Buch „Mediterrane Vorspeisen – leicht und bekömmlich“ hatten die Kollegen brav gekauft, doch danach war das Buch schnell wieder abgestürzt.

Solche „Käufergruppen von Autoren“ sind recht beliebt, wie man bei vielen Neuerscheinungen erkennen kann. Sind diese Autoren selbst in einem gemeinsamen „Leserkreis“ von Amazon, mag das sogar sinnvoll sein.

Sind diese Autoren aber in ihren eigenen Leseinteressen bunt gewürfelt, dann wird das „gegenseitige Kaufen“ kontraproduktiv. Eine Romanze, deren Käufer auch ein Kochbuch, einen Sexroman und einen Horrorthriller gekauft haben, weist auf einen ziemlich erratischen Käuferkreis hin. Es entstehen automatisch Empfehlungen, die wenig Interesse bei den jeweiligen Lesern erzeugen und damit den betreffenden Titel bei der „Item to Item“-Berechnung abwerten. Oder möchten Sie, wenn Sie nach einem spannenden Horrorthriller suchen, mediterrane Rezepte empfohlen bekommen?

Sonja hat einen Roman über die unglückliche Liebe einer Deutschen zu einem orientalischen Mann geschrieben. Nach Jahren eines unglücklichen Ehegefängnisses im Nahen Osten gelingt der Protagonistin die Flucht – nun kehrt sie einsam, verletzt und verarmt in ihre Heimat zurück. Dieses Buch ist wahr und soll allen Leserinnen eine Warnung sein!

Sonja sieht, dass manche Liebesromane mit knackigen Titeln gute Verkaufszahlen verbuchen können; mutig nennt sie ihr Buch „In den Fängen des Macho" und lässt ein sinnlich-orientalisches Cover mit einem glutäugigen Männerporträt erstellen.

Das Buch legt im Shop einen regelrechten Raketenstart hin, ohne Bewerbung steigt der Titel bis Rang fünfzig im Kindle Shop auf! Doch dann regnen die ersten negativen Rezensionen herab, schnell verliert das so abgewertete Buch an Boden.

Manche Leserinnen suchen nach neuem Lesestoff direkt über die Suchleiste im Kindle Shop. Ein Buchtitel, der das Suchwort „Macho" enthält, hat also durchaus Chancen, als Neuerscheinung vorne in dieser Liste aufzutauchen. Verspricht dann auch noch das Cover aufregende Lesestunden, ist manche Leserin schnell zum Kauf oder einer Leihe bereit!

Doch eines hasst die Leserin wie die Pest: Ihr wird ein romantischer Spannungsroman vorgegaukelt, sie freut sich auf einen unterhaltsamen Leseabend mit einer kribbelnden Verführungsgeschichte … und liest dann ein tragisches Ehedrama, das ihr in dieser Nacht schlimme Erinnerungen und schlechte Träume beschert. Das hatte diese Leserin nicht bestellt! Es könnte sein, dass sie sich mit einer bösen 1-Stern Rezension revanchiert.

Der Kindle Shop verknüpft und empfiehlt nur Titel, die von zufriedenen Lesern gekauft wurden. **Durch unpassende Verkäufe entstehen unpassende Leserkreise, daraus wiederum niedrige Kaufraten.** Die Empfehlungsmechanik merkt sich: Dieser Titel überzeugt die Leser nicht. Und empfiehlt Ihr Buch gar nicht mehr.

Es kommt also darauf an, vor einer völlig geistlosen

Mechanik zu bestehen. Erkennt diese Mechanik eine positive Reaktion der Leser, schiebt sie unser Buch an – das Buch verkauft besser und steigt im Rang auf. Um in diese positive Spirale zu gelangen, braucht unser Titel unbedingt zufrieden reagierende Leserinnen. Wie bekommen wir mehr Klicks von zufriedenen Kunden auf unsere Buchempfehlung im Shop?

Zunächst muss Ihr Buch in einer der vielen Listendarstellungen im Shop („Kunden kauften auch“, „Könnte Sie auch interessieren …“, Suchergebnislisten oder Bestseller) die Leserin zum Klick animieren. Hier wirken sich **Cover, Titel, Autorenname und Sternbewertung** auf diese Klickbereitschaft aus.

Hat die Leserin geklickt, beeinflussen **Klappentext und die Leseprobe** die Kaufbereitschaft entscheidend.

Ich verwende bei meinen Beratungsgesprächen gerne das Beispiel der „hundert Leser“. Nehmen wir an, hundert Leserinnen und Lesern wird im Kindle Shop unter vielen anderen Titeln auch Ihr Buch angezeigt. Wenn wir Glück haben, sind diese hundert Leser schon an Ihrem Genre interessiert; die Amazon Shopmechanik wird sich bemühen, Ihr Buch im passenden Umfeld anzuzeigen. So erscheint Ihr Krimi neben Krimis, Ihr Liebesroman neben Liebesromanen – je nachdem, was die Leserin vorher gekauft, geklickt oder gerade gesucht hat.

Das ist schon mal ein Vorteil; denn grundsätzlich scheint dieses Lesepublikum interessiert zu sein, in diesem Genre ein Buch zu kaufen. Leider werden aber meist auch zugstarke Bestseller in direkter Nachbarschaft zu Ihrem Titel angezeigt. Hier muss sich Ihr Buch im Wettbewerb bewähren! Wie viele der hundert potentiellen Käufer klicken tatsächlich auf Ihr Buch?

Ist Ihr Cover untypisch gestaltet, so dass die an Krimis interessierte Leserin meint, Ihr Buch sei gar kein Krimi? Ziehen Sie potentielle Kunden ab.

Ist Ihr Buchtitel verwirrend, unverständlich, verspricht er keinen spannenden Kriminalfall? Ziehen Sie potentielle Kunden ab.

Ist Ihr Autorenname untypisch für das Genre? Ziehen Sie potentielle Kunden ab.

Haben Sie eine schlechte Sternbewertung? Ziehen Sie potentielle Kunden ab.

Wie viele Leserinnen jetzt übrig geblieben sind, die also jetzt tatsächlich auf Ihren Titel klicken, hängt von den oben beschriebenen Faktoren ab!

Nehmen wir an, zehn interessierte Leserinnen haben auf Ihr Buch geklickt.

Ist Ihr Klappentext verwirrend, verspricht er nicht im ersten Satz schon einen spannenden Krimi? Enthält er gar einen Schreibfehler? Ziehen Sie potentielle Kunden ab.

Ist die erste sichtbare Rezension negativ? Ziehen Sie potentielle Kunden ab.

Ist Ihre Leseprobe untypisch für das versprochene Genre, ist sie schlecht formatiert, enthält sie Schreibfehler? Ziehen Sie potentielle Kunden ab …

Sind jetzt noch Käufer übrig geblieben?

Im Umkehrschluss können Sie mit jedem der oben beschriebenen Faktoren darauf einwirken, dass die Zahl der interessierten Käufer vom ersten Klick an stabil bleibt und Sie eine gute Konversionsrate, sprich eine gute Ausschöpfung Ihres Lesepublikums erreichen können.

ZEHN

Ihr Buch im Shop: Das Cover

Christians sehr kundig und geschickt aufgebauter Thriller liegt wie Blei in den Regalen. Obwohl Christians bester Freund ein Cover beisteuerte, das jeden Betrachter von den Socken holt! Denn Christians Freund ist ein sehr erfolgreicher und preisgekrönter Grafikdesigner, der es bis in die angesagtesten Agenturen in New York geschafft hat. Dieses Cover ist ein Kunstwerk, das nicht nur auffällig, sondern auch sehr eigenständig gestaltet ist.

Christian kann sich den Misserfolg seines Buches nur mit einem Fehler in Amazons Shopsystem erklären, was zu einem schier endlosen, aber auch sehr unfruchtbaren Schriftverkehr mit dem Kindle-Support geführt hat.

Franziska will bei ihrem neuen Liebesroman alles richtig machen. Denn diesmal hat sie sich fest vorgenommen, die Top 100 bei Amazon zu knacken! Deshalb organisiert sie in einer Facebookgruppe eine Umfrage, welches Cover sie für ihr neues Buch nehmen soll.

Dazu hat Franziska drei Covervarianten erstellen lassen: Ein herkömmliches Mainstream-Cover, von dem allzu viele im Shop zu sehen sind; ein verspieltes Sehnsuchtscover, wie es häufig auf Printedi-

tionen großer Verlage zu finden ist; und ein schräges, flott entworfenes Designcover, das mit allen Konventionen bricht.

Das Ergebnis freut Franziska. Denn die Teilnehmerinnen entscheiden sich prompt für das schräge Designcover: „Endlich mal was Neues“, „beeindruckend“ und „toll“!

Leider schafft Franziskas Buch nicht mal die Top Tausend im Shop. Das ärgert Franziska natürlich, aber eines hebt trotzdem ihre Laune: Dass nämlich ihr Buch nicht so durchschnittlich aussieht, wie diese abgegriffene Massenware in den Top 10.

Ein Cover darf nie für sich selbst, sondern immer nur im Bezug auf andere Cover gesehen werden.

Es nützt gar nichts, wenn der weltbeste Grafiker sein größtes Meisterwerk für unser Cover liefert – wenn es nicht ins Regal dieses Buchgenres passt, wird es nicht verkaufen. Es hilft auch nicht, wenn Freunde, Bekannte und andere Autoren ein Cover überwältigend gut finden. Wenn die Leserin im Shop ein Cover nicht einordnen kann, wird sie das Buch nicht „erkennen“ und deshalb auch nicht kaufen.

Oft werde ich gefragt: Was hältst du von meinem neuen Cover? Ich kann diese Frage nur beantworten, wenn ich weiß, in welchem Regal sich dieses Buch bewähren muss.

Ja, das Lesepublikum bewertet ein Buch nach dem Cover. Das hat einerseits mit der visuellen Gestaltung des Shops zu tun, bei der das Coverbild als Blickfang im Mittelpunkt steht. Andererseits aber auch mit dem Wunsch der Leserin, „wieder so ein Buch“ zu finden, mit dem sie bereits einmal glücklich war.

Bei „Kunden kauften auch“-Listen erkennen wir sehr oft ähnliche Farben, ähnliche Schrifttypen, eine ähnliche Bildsprache, eine ähnliche Aufteilung. Während bei Thrillern die Farbkombination Weiß-Schwarz-Rot mit zentralem Titel und dezent-unheimlicher Symbolik immer sehr erfolgreich ist, konnten Liebesromane 2016 mit horizontal dreigeteiltem Cover – etwa Liebespaar, Titel, Landschaft – punkten; 2018 sah das schon wieder anders aus. Liebeskomödien können durch kräftigere Farbgebung den Unterhaltungswert, durch Pastelltöne den Romantikfaktor unterstreichen. Heiße Romanzen präsentierten sich je nach Dramatik- oder Humorfaktor dunkel oder hemmungslos pink.

Grundsätzlich kann man sagen, dass **deutlich lesbare Titelschriften** besser verkaufen, als Titel, die bei Verkleinerung des Covers auf die Listendarstellung, beispielsweise auf dem Smartphone, unlesbar werden. Je nach Genre werden schwungvolle Schreibschriften, harte, plakative Thrillerschriften oder edle Druckschriften von den Lesern als lesenswert erkannt. Die meisten Leser dürften den Unterschied zwischen „Serife" und „Grotesk" nicht kennen. Doch sie spüren diesen Unterschied sehr deutlich! Eine unpassende Schrifttype auf dem Cover kann den Verkauf eines Buches in den Keller treiben.

Seit Jahrzehnten werden Computer mit so genannten **„Systemschriften"** ausgeliefert. Dazu gehören zum Beispiel „Arial", „Helvetica", „Palatino" , „Verdana" oder „Comic Sans". Diese Schriften umgeben uns allenthalben; wir sehen sie täglich auf Websites, lesen sie auf Infobriefen und erkennen sie auf Aushängen in Schule, Kindergarten oder dem Gemeindeamt wieder.

Diese Schriften sind assoziativ völlig abgenutzt! Kein Leser bekommt beim Anblick einer „Times New Roman" Gänsehaut, kein Liebesroman kann mit „Tahoma" punkten. Meiden Sie diese Schriften unbedingt! Ein Cover mit „Comic Sans"-Titel wird zu Recht in den tiefsten Abgründen des Shops vermodern.

Gute Gratisschriften finden Sie zum Beispiel auf der

Website „Fontsquirrel". Sollte Ihnen ein Grafiker ein Cover mit einem Titel in „Arial" liefern, dann stornieren Sie den Auftrag und suchen Sie einen anderen Grafiker.

Auch das **Format eines Covers** kann eine Botschaft an den Leser enthalten. Quadratische Cover weisen eher auf Kinderbücher hin; sehr „schlanke" Cover unterscheiden sich stark vom klassischen „A4"-Format, das vor allem für Fachbücher verwendet wird. Beachten Sie deshalb bei der Analyse Ihrer Wunschleserkreise auch das Coverformat, das bei „Mainstream-Bestsellern" sehr oft dem typischen „Taschenbuchformat" von 1:1,5 entspricht.

Die Covergestaltung ist für die Leserin der erste und wichtigste Eindruck zu dem Buch; sie gibt Orientierung und verspricht ein ganz bestimmtes Leseerlebnis. Der Autor, der seine Leser mit dem Cover auf den ersten Blick gut informiert, hat gegenüber seinen Mitbewerbern einen klaren Vorteil.

In den schier endlosen Empfehlungs-, Kunden-kauften-auch- und sonstigen Listen zählt der erste emotionale Eindruck, der einen impulsiven Klick bewirkt. Sticht ein Cover heraus und verspricht gleichzeitig ein genau definiertes Leseerlebnis, kann ein Buch schnell seine Leser finden.

Ikonografie: Die Symbole und Motive auf Covern geben deutliche Hinweise für bestimmte Lesegruppen. So können Friesenkrimis mit der Abbildung eines Leuchtturmes bessere Verkäufe erzielen, als solche, die auf dem Cover einen leeren Strand präsentieren. Kaufstarke Motive bei Thrillern sind „der leere Stuhl", „die Frau im Wald", der „Schatten einer Frau" oder ein blutiges Messer. Im Gegensatz dazu verkaufen Thriller mit Revolvern oder smarten Agenten auf dem Titel im Kindle Shop wesentlich schlechter – der James Bond der Sechziger scheint out zu sein.

Auf Urlaubsromane passen Seesterne, Koffer und Strandsandalen, auf leichte Liebeskomödien lachende Freundinnen, auf Macho-Storys männliche Brust- und Bauchmuskeln. Oft entscheidet die Kopfhaltung von abgebildeten Personen: So unterscheiden Leserinnen von Liebesromanen sehr genau zwischen einem abgewandten Kopf oder einem offenen Blick in die Augen. Ich habe selbst erlebt, wie der Wechsel von einem „Paar, das den Leser anblickt“ zu einem „Paar, das sich in die Augen blickt“ die Verkaufszahlen eines Titels über Nacht in die Höhe schnellen ließ.

Gudrun veröffentlichte über Jahre eine Reihe von Liebesromanen, mit denen sie die Herzen der Leserinnen erreichen wollte. Doch der Shop wollte ihre Bücher einfach nicht verkaufen! Dabei hatte sie viel Geld in einen professionellen Coverdesigner investiert und ihren Büchern seelenvolle Titel gegeben. Warum kaufen Leserinnen ein elegant gestaltetes, dunkelblaues Cover mit dem Titel „New York Blues – Deine verlorene Liebe“ nicht?

Gudrun ließ sich am Rande der Buchmesse bei einem Umtrunk mit Kolleginnen nach dem dritten Caipirinha auf eine folgenschwere Wette ein. Am liebsten hätte sie diesen Abend vergessen, als sie das Ergebnis betrachtete: Ein geradezu abstoßend durchschnittliches Cover in Rosa und Hellblau, dazu der schmierige Titel „Küsse für den Millionär“. Das Cover war ein billiges Premade, da Gudruns Grafiker sich wütend geweigert hatte, diesen Auftrag anzunehmen. Peinlich! Für diesen Titel schämte sich Gudrun. Aber Wette ist Wette, fast freute sich Gudrun darauf, von diesem Buch noch weniger zu verkaufen als zuvor. Dann würde sie wieder zu ihrem alten, edlen Cover zurückkehren.

„Küsse für den Millionär“ stieg über Nacht in die Top 50, blieb

drei Monate in den höchsten Rängen, erhielt gute Rezensionen und verdiente in dieser Zeit über zwanzigtausend Euro.

Jetzt ist Gudrun froh, diese Wette verloren zu haben und lebt gut von ihren Liebesromanen, die sie allesamt auf „Mainstream" umgestellt hat.

Mimikry hilft beim Überleben: Was in der Biologie die rein äußerliche Anpassung schwacher Tiere an Gestalt und Farbe stärkerer Tiere ist, kann auch beim Coverdesign funktionieren. Das ist ein probates Mittel neuer Autoren, um Assoziationen mit bestehenden Bestsellern zu erzeugen; erfüllen sie dann auch noch die damit verbundene Erwartung der Leserin, können diese Titel hohe Sichtbarkeit erlangen und viele Leserinnen erreichen.

Mimikry ist auch eine Möglichkeit, in hochpreisige Genres einzudringen, die stark von klassischen Verlagen besetzt sind; zum Beispiel historische Romane, die aufgrund der Preispolitik dieser Verlage als eBook 10,- € und mehr kosten. Schreiben Sie ein vergleichbares Produkt, verpacken Sie es wertig und bieten Sie es günstiger an! Bedenken Sie aber, dass ein erster Platz bei den „Kunden kauften auch" eines Titels auf Rang 15.000 nur sehr wenig Sichtbarkeit und damit auch nur sehr geringe Kaufchancen erzeugt.

ELF

Titel, Pseudonym und Umfang

Leserkreise mit bestimmten Interessen verinnerlichen die **Titelsprache** ihrer Lieblingsbücher – und zeigen deutliches Interesse für bestimmte Rhythmen, Reizworte und sonstige Titelformen. So signalisieren englische Zwei-Wort-Titel in Verbindung mit einem deutschen Zusatz oft Inhalte für Leser ab achtzehn Jahren – auch wenn höchstwahrscheinlich die Mehrzahl der anvisierten Kunden den englischen Titel nicht korrekt übersetzen kann.

Englische Titel klingen cool, doch sollten Sie entweder mit sehr bekannten Worten spielen, oder eine Übersetzung als Titelzusatz liefern. Bücher, deren Titel nur von einem Bruchteil der Leserinnen verstanden werden können, verschenken wichtiges Emotionspotential!

Schlagworte im Titel können den Verkauf anheizen, da manche Leserin auch über die Suchleiste im Shop recherchiert. Sieht sie das gesuchte Schlagwort gleich in einem der aufgelisteten Titel, kann das durchaus zu einem Klick auf Ihr Buch führen. Spielen Vampire in Ihrem Roman eine Rolle, sollten Sie das im Titel nennen oder zumindest im Klappentext oder in den Stichworten klar machen; genauso ist das mit den immer noch beliebten Millionären, Werwölfen oder Machos.

Witzige oder rätselhafte Titel gehen aber meist nach hinten los. Bedenken Sie, dass es hunderttausende von Titeln gibt; dem Leser fehlt einfach die Zeit, sich mit hintergründigen Botschaften zu beschäftigen, die sich erst verstehen lassen, wenn man das Buch selbst gelesen hat.

Merle hat einen dramatischen Entwicklungsroman geschrieben, der sich an das intellektuelle Publikum wendet. Für den Titel des Buches orientierte sie sich an einem abstrakten Kunstwerk, dem Gemälde „Frau auf Schlangenbohne“ von einem berühmten, zeitgenössischen Maler.

Schön wäre es gewesen, sie hätte für dieses Buch einen passenden Publikumsverlag wie etwa Suhrkamp oder Insel Verlag gewinnen können, aber Merles Anfragen wurden seitens dieser Verlage leider nicht beantwortet.

Da sie das Gemälde mit der Schlangenbohne nicht für ein Cover verwenden durfte, ließ Merle ihre Grafikerin ein Foto von Schlangenbohnen rot einfärben, um die Dramatik der Geschichte zu unterstreichen.

Dann bewarb Merle ihr Buch über Amazon Sponsored Products bei passenden Autoren: Isabell Allende und Elena Ferrante sollten die Zugpferde für „Frau auf Schlangenbohne“ sein. Leider waren die Klickzahlen extrem enttäuschend … obwohl Merle 30.- Euro pro Tag für ihren Titel freigab, gab es am Ende des Monats eine Abrechnung über magere 2,70 Euro seitens Amazon – und leider keinen einzigen Verkauf.

Ob die Nische der „intellektuellen Leser“ bei Amazon vielleicht gar nicht existiert? Merle wird es wieder bei einem Verlag versuchen.

. .

Buchtitel sollen der Leserin Wegweiser sein. Ein Buchtitel soll passende Emotionen und Erinnerungen wecken, der Leserin Lust auf eine Geschichte machen, ihr spannende und herzbewegende Lesestunden versprechen. Isabell Allende nannte ein Buch „Dieser weite Weg“; Elena Ferrante konnte mit ihrem Titel „Frau im Dunkeln“ viele Leserinnen ansprechen. Ob das mit „Frau auf Schlangenbohne“ auch gelingt? Ob Merle damit passende Leserinnen ansprechen kann?

Seien Sie auch vorsichtig mit der klassischen **„Verlade“ oder dem „Clickbait“**, wie das heutzutage heißt. Grundsätzlich sollten Sie in einer Geschichte auch das liefern, was der Titel verspricht! Sie haben einen ausgeklügelten Detektivroman geschrieben? „Der Club der nackten Stripperinnen“ zieht sicher ein Publikum an; aber auch das, das Sie für Ihren Krimi tatsächlich haben wollen? Leserinnen suchen nach bestimmten Themen; fühlen sie sich durch die Lektüre nicht befriedigt, wird es Rückgaben und schlechte Rezensionen geben … und Ihr Buch wird als unverkäuflich gebrandmarkt in die tiefsten Abgründe des Shops sinken.

In unserer aufgeklärten europäischen Kultur werden auch **anzügliche Titel** im Buchhandel akzeptiert. Was in Mitteleuropa als höchstens frech eingestuft wird, kann in den USA allerdings eine grobe Beleidigung darstellen. „Fuck“ ist etwa in der Heimat von Amazon ebenso wie „Bastard“ ein derbes Schimpfwort. So lange ein Buch nicht verkauft, bleibt es meist unter dem Radar. Solle „Fuck You, Liebling“ allerdings in die Charts gelangen, droht Löschung des Titels, auch wenn das eine All Age Liebeskomödie ist. Wird ein Titel von Amazon aus dem Verkauf genommen, ist die nächste Eskalationsstufe die Löschung des Accounts des Autors. Seien Sie also vorsichtig: **„Four Letter Words“ im Titel sind ein „No Go“!** Bedenken Sie auch, dass Rezensionen einer Wortprüfung unterliegen; sollte Ihr Titel ein solches „Unwort“ enthalten und nennt der unschuldige Rezensent dieses Wort in seinem Text, wird die Rezension entweder nicht akzeptiert oder bald gelöscht werden.

Auch Social Media Dienste wie Facebook achten sehr auf die Wortwahl in Postings und setzen der Verbreitung bestimmter Ausdrücke Grenzen: Ihr Beitrag wird entweder stillschweigend in seiner Verbreitung begrenzt, oder fällt komplett in die Verbotszone.

In Titel und Untertitel Ihres Buches haben Sie begrenzten Raum für Informationen. Stellen Sie sich bei jeder dieser Informationen die Frage: Dient sie dazu, beim Leser passende, positive Assoziationen auszulösen?

Gerade bei **Reihentiteln** sollten Sie genau planen, wie die Einzelbände und wie die Reihe heißen soll. Jeder dieser zusammengesetzten Titel muss den Leser beeindrucken, Emotionen auslösen und das Genre aufzeigen! Nichts sagende Reihentitel sind eine vergebene Chance. Statt „Verbannung (Hyskernwartha Zyklus 4)“ könnte „Verbannung (Das Schwert der Wikinger 4)“ vielleicht mehr Fantasyfans interessieren?

Wenn Sie sich entscheiden, ein **Pseudonym** für Ihre Autorentätigkeit zu verwenden, dann suchen Sie sich eines aus, das zum jeweiligen Genre passt. Adelsromanzen für ein älteres Publikum sollten einen anderen Autorennamen präsentieren, als ein harter Actionthriller, eine erotische Romanze oder ein Ratgeber für Paartherapie. Orientieren Sie sich am besten in den Bestsellerlisten: Welchen Autorennamen schenkt die Leserin bestimmter Genres besonderes Vertrauen?

Sollten Sie als Autor die Abwechslung lieben und in unterschiedlichen Genres schreiben, sollten Sie unbedingt über **unterschiedliche Pseudonyme** nachdenken. Konnten Sie etwa mit einer Liebeskomödie einen Charterfolg landen und positive Rezensionen zufriedener Leser sammeln, dann haben Sie einen Leserkreis von sich überzeugt. Schreiben Sie dann ein weiteres Buch genau für diesen Leserkreis!

Denn sollte Ihr nächstes Buch beispielsweise ein blutiger Beziehungsthriller mit dramatischem Ausgang sein, werden Sie Ihren bereits gewonnenen Leserkreis vor den Kopf stoßen, schlechte Rezensionen einfahren, die Kaufrate in den Keller treten und damit vor allem eines erreichen: dass der Shop Ihr Buch nicht weiter empfehlen wird. Die Fans von Liebeskomödien haben ihren Thriller abgelehnt, Thrillerfans werden Sie mit der schlechten Bewertung nicht mehr überzeugen können.

Achten Sie auch auf den **Seitenumfang**, den die Leserin Ihres Käuferkreises gewohnt ist. Ein „epischer Fantasyroman“ mit siebzig Seiten Umfang wird keine Käufer finden. Es gibt Krimileser, die das Heftromanformat von etwa einhundert Seiten bevorzugen, während andere Leserkreise bei ihrem Kriminalroman mindestens dreihundert Seiten erwarten. „Dark Romances“ funktionieren gut mit zweihundert Seiten, historische Romane sollten länger sein; erotische Geschichten mit klar definiertem Fetisch können auch mit nur zwanzig Seiten Umfang zur Befriedigung des Kunden führen.

Haben Sie eine sechshundertseitige Liebeskomödie vorliegen, und entdecken, dass die durchschnittliche romantische Komödie in den Bestsellerlisten zweihundert bis maximal dreihundert Seiten lang ist, sollten Sie über eine Straffung Ihres Romans nachdenken. Eine nachträgliche Aufspaltung in eine Serie funktioniert meistens nicht; Serien sind ein eigenes, sehr anspruchsvolles Metier!

ZWÖLF

Klappentext und Leseprobe

Lothar sitzt nun schon seit zehn Minuten vor dem Laptop und überlegt, was er in das Feld „Buchbeschreibung" seines neuen Romans schreiben soll. Dabei kribbelt es ihm schon in den Fingern, die eBookdatei und das Cover hochzuladen, den Preis einzutragen und das Buch abzuschließen! Morgen früh soll es im Verkauf sein.

Lothar atmet tief durch. Er schreibt: „Während Hermine in ihrer posthumanistischen Depression verharrt, betet Jürgen, vorzeitig ergraut und nicht mehr an langweiligen Frühstücksgesprächen interessiert, weiterhin Nietzsche an, verborgen zwischen tausenden Seiten Papier und sichtbar wie eine Maus im Nebel des tauenden Morgens. Ist der Graue gebannt und der Zug des Mörders endgültig abgefahren, auch wenn seine Tat Tausende in namenloser Angst, angestachelt durch Dr. Müllerbecks verhängnisvolle Lügen, verharren? Wird Lübeck wieder ruhig schlafen können?"

Lothar ist zufrieden. Ein Krimi soll schließlich zum Miträtseln einladen. Und das ist ihm mit seinem Klappentext sicher gelungen!

Hermetische Texte laden nicht zum Lesen ein. Kann eine Leserin aus den ersten Sätzen eines Klappentextes nicht entnehmen, was für ein Leseerlebnis sie in diesem Buch erwartet, wird sie es nicht kaufen.

Je präziser ein Beschreibungstext die Leserin in ein Buch einführt, desto eher wird sie zugreifen! Es geht ihr dabei nicht um ein paar Euro, sondern um die wertvolle Lesezeit, die sie Ihrem Werk widmet. Warum sollte sie ausgerechnet Ihr Buch kaufen? Vielleicht verspricht ein anderes Buch ihr ein besseres Leseerlebnis?

Der erste Satz zählt! Je nach anvisiertem Leserkreis muss dieser erste Satz ein emotionaler oder beschreibender sein – ein Liebesroman muss große Gefühle vermitteln, ein „Hard Science Fiction“ Roman überlegene physikalische Korrektheit beweisen, ein Thriller muss mit dem ersten Satz bereits Spannung und Furcht verbreiten, ein Erotikroman heiße Emotionen.

Die Leserin schenkt Ihnen nur eine halbe Minute. In diesen dreißig Sekunden haben Sie die Chance, die Leserin derart zu fesseln, dass sie tatsächlich Ihr Buch kauft und viele Stunden damit verbringt.

In der klassischen Marketinglehre wird diese Form der Schnellpräsentation „Elevator Pitch“ genannt, weil die Zeit im Fahrstuhl zwischen einigen Stockwerken genau diese Situation beschreibt: Sie haben für knapp dreißig Sekunden die volle Aufmerksamkeit des Mitfahrenden.

Um diese wertvolle Spanne an Aufmerksamkeit nicht zu vermasseln, sollten Sie grundsätzlich **kurze, verständliche Sätze** verwenden. Beschränken Sie sich auf **die wichtigsten Personen** Ihrer Geschichte. **Beschränken Sie sich auf die Haupthandlung** und verlieren Sie sich nicht in Nebensträngen. Nennen Sie nur wenige Namen.

Vermitteln Sie Ihrem Gegenüber die **Quintessenz Ihres Buches!**

Erfahrene Bestsellerautoren wissen um die Wirkung ihres Klappentextes. Nicht selten höre ich auch von ihnen Aussagen wie „der Klappentext kostet mich mehr Kraft und Nerven als das Schreiben des ganzen Buches!".

Auf die erste Zeile kommt es besonders an! Da Amazon KDP Sätze wie „Der neue Bestseller von …" oder „Jetzt kurze Zeit reduziert auf …" im Klappentext verbietet, muss hier inhaltlich und vor allem suggestiv gearbeitet werden. Dabei ist es natürlich sinnlos, den Text zu Ihrem Roman mit dem Titel des Buches beginnen zu lassen, ein großes „Inhalt" oder gar den Fachbegriff „Klappentext" als Einstieg zu wählen.

Um mit einer ersten Zeile gut in einen Klappentext starten, sollten Sie sich über den **„Pitch" oder „Hook"** Ihres Buches im Klaren sein. Ein Pitch ist die Zusammenfassung Ihrer Geschichte in einem Satz – ein Satz, der in die Geschichte einführt und den Leser neugierig macht. Es gibt einige grundsätzliche Formen von Pitches:

Im **Gegensatz-Pitch** wird auf einen großen Unterschied hingewiesen, etwa auf den kleinen Hobbit und seine riesige Aufgabe oder den kleinen Zauberschüler und den mächtigen Dunkelmagier.

Der **Dreier-Pitch** wirkt oft wie ein leicht zu merkendes Sprichwort – „Keine Schulausbildung, zweimal geschieden, drei kleine Kinder" („Erin Brockovich") oder „Mein Geschenk ist die Zukunft. Mein Geschenk ist die Erlösung. Mein Geschenk ist ... Inferno" („Inferno" von Dan Brown)

Spannung und Neugier kann auch der **Start-Pitch** erzeugen, der kurz und griffig mit wenigen Worten in die

Geschichte führt: „Eigentlich hatte Harry geglaubt, er sei ein ganz normaler Junge …"

Der **Konflikt-Pitch** macht in einem Satz deutlich, um was es in Ihrer Geschichte geht, sozusagen die Essenz Ihres Buches. Können Sie ein passendes **Zitat** finden, das das Thema Ihrer Geschichte perfekt einfängt, kann auch dieses ein guter Pitch sein: „Ein Ring, sie zu knechten, sie alle zu finden …"

Haben Sie einen solchen Satz für Ihr Buch erarbeitet, dann zögern Sie nicht, ihn bei Freunden oder Kollegen zu testen! Sie werden schnell erkennen, ob Ihr Gegenüber von Ihrem Pitch gepackt wird – oder nicht. Ernten Sie Kopfschütteln und Unverständnis, sollten Sie weiter an ihrem Pitch arbeiten.

Sie werden einen Pitch für Ihr Buch brauchen, auch wenn Sie gar nicht vorhaben, es selbst zu veröffentlichen. Denn auch einen Verlag, dem Sie Ihr Manuskript andienen, können Sie nur mit einem guten Pitch überzeugen!

Da die Leserkreise bedeutend feinere Unterscheidungen machen, als die bloßen Kategorien andeuten, muss im Klappentext **Klarheit über das Genre** geschaffen werden: **Was ist der Kern der Geschichte?** Ein Krimi ist nicht „ein Krimi", sondern verzweigt sich in viele Subgenres von „Friesenkrimi" über „Cosy Krimi", „Gay-Krimi" oder Krimithriller, die jeweils ganz eigene Leserkreise versammeln. Welche Worte und Formulierungen versprechen der Leserin, dass sie mit Ihrem Buch eine Perle in „ihrem" Lieblingsgenre gefunden hat?

Es gibt Krimis mit mürrischen Kommissaren, taffen Polizistinnen und zerstrittenen Teams. Sie spielen in deutschen Großstädten, westfälischen Dörfern, in der Bronx oder in Südafrika. Für jedes dieser Subgenres gibt es

Fans, die wissen wollen, ob dieses Buch ihr Interesse spiegelt!

Fantasy-Leser unterscheiden beispielsweise akribisch zwischen Engeln, Feen, Drachen oder Orks und verbinden mit jeder dieser Daseinsformen bestimmte Leseerlebnisse und Erwartungen. Prüfen Sie also vorher, ob es für Ihr geplantes Buch „Der Engel und der Ork" überhaupt ein Buchregal gibt — oder ob Sie jeden einzelnen Leser erst noch überzeugen müssen, dieses Buch überhaupt anzuklicken.

Lydia berät Frauen in allen Lebenslagen und nutzt dazu feinstoffliche Mittel wie Pendel, Horoskope und Quantenfelder. Besonders das Thema „Geld verdienen" hat in ihrem Beratungsangebot einen hohen Stellenwert. Was läge näher, als einen Ratgeber zu diesem Thema zu schreiben?

Einige Wochen später hat Lydia ihren Ratgeber abgeschlossen. Sie sieht sich im Amazon Shop vergleichbare Bücher zum Thema an und probiert Suchworte aus. Sie kauft ein günstiges Premade-Cover, schreibt einen kurzen Klappentext („So verdienen auch Sie mehr Geld!") und veröffentlicht ihr Buch unter dem Titel „Geld verdienen leicht gemacht!"

Das Buch verkauft recht ordentlich, nur leider kommen kurz darauf die ersten „1-Stern"-Rezensionen. „Spiritistischer Unsinn" und „parapsychologischer Hokuspokus" sind noch die freundlichsten Worte.

Manche Leserin stammt vom Mars, manche von der Venus. Für beide zu schreiben, ist speziell bei Ratgebern kaum möglich. Während Marsianer nur akzeptieren, was sie in ihrer „Excel"-Tabellenkalkulation nachvollziehen können, will die Venusianerin in ihrem Herzen überzeugt werden.

Deshalb fühlen sich Leserinnen auch nur bei bestimmten Formulierungen zu Hause – oder sind sofort abgeschreckt. So kann etwa bei einer leichten Sommerromanze ein komplexes Fremdwort oder der Hinweis auf ein „kaltes Thema“ im ersten Satz des Klappentextes die Käufe empfindlich beinträchtigen.

Noch vor dem allgemeinen „Genre“ beurteilen Leser Bücher nach bestimmten **Wendungen und Protagonisten**. Lesen Sie Rezensionen! Sie werden bemerken, wie emotional Menschen auf Charaktere wie Machos, Aschenputtel, unerschrockene Helden oder „Bad Boys“, auf dramatische Entscheidungen oder tragische Entwicklungen und auf Motive vom „Seitensprung“ bis zur „Geschwisterliebe“ reagieren.

Dabei ist es im ersten Schritt völlig egal, welche Kategorien für ein Buch gewählt werden; es zählt immer der Eindruck, den ein Leser von diesem Buch hat. Ordnet ein Autor ein Buch mit einem romantischen Cover bei Liebesromanen ein, aber der Klappentext beginnt mit einer Krimihandlung, werden manche anfangs interessierte Leserinnen lieber doch auf das nächste Buch klicken. Die Chance, bei Lesern von Romanzen einen Stich zu machen, sinkt; bei den „Krimis“ hat das Buch wegen seines romantischen Covers keine Chance und Fans von Liebesromanen wollen gerade keinen Krimi lesen. Sie würden also mit so einem Titel in keiner Kategorie Erfolg haben.

Lise hat einen Roman geschrieben, der während der Finanzkrise 2008 spielt. Die Story folgt grundsätzlich dem klassischen Liebesroman, bei dem schier unüberwindbare Hindernisse immer wieder verhindern, dass die Liebenden zusammenkommen; diese Romanze rankt sich um einen spannenden Thriller im Umfeld der internationalen Bankenkrise.

Wo soll Lise dieses Buch einordnen? Ist es ein Finanzthriller mit einer kleinen Liebesgeschichte? Oder ein Liebesroman in Zeiten der Krise?

Lise sollte die jeweiligen Buchregale im Shop genau ansehen. Ist ihre Liebesgeschichte emotional genug, um bei „Liebesromanen" zu bestehen? Oder ist das Buch ein komplexer Finanzthriller, bei dem das Abenteuer durch die Liebesgeschichte lediglich garniert wird?

Lise muss sich entscheiden! Denn um erfolgreich in einem Regal beim Buchhändler verkaufen zu können, muss das Buch in diesem Regal „fit" sein; also sich im Wettbewerb mit anderen Titeln in diesem Regal bewähren.

Nehmen wir an, Lise entscheidet sich, ihren Roman als Liebesroman anzubieten, da er tatsächlich am ehesten in diesen Leserkreis passt. Dann sollte ihr Klappentext die Leserin auch sofort in den emotionalen Teil der Story einführen, die Liebe in den Vordergrund stellen.

Ist der Roman aber eher ein knackiger Finanzthriller, wäre es wohl besser, den spannungsgeladenen Plot um Geld, Betrug und Kartelle anzureißen!

Wie in einer Buchhandlung blättern auch im Online-Shop interessierte Käufer gerne in die ersten Seiten eines Buches: **die Leseprobe**. Das ist der erste und vielleicht auch entscheidende Kontakt, den Ihre Schreibe mit einer Leserin haben kann. Dass gerade die ersten Zeilen keine Rechtschreibfehler enthalten sollten, scheint klar; doch oft findet man sie gerade hier.

Vermeiden Sie überlange Schachtelsätze gerade in den ersten Absätzen! Verzichten Sie auf Darstellungen, die nicht dem Genre des Buches entsprechen – auch eine umfangreiche Danksagung an unbekannte Helfer und Freunde gehört an das Ende eines Romans.

Die Leseprobe ist ein Aushängeschild Ihres Werkes! Dazu gehört auch das Inhaltsverzeichnis. Eine schwungvolle Liebeskomödie, die mit einer nicht enden wollenden Liste von „Kapitel 1“ bis „Kapitel 79“ beginnt, verdirbt auch dem humorvollsten Leser den Spaß. Vielleicht sollten Sie Ihren Kapiteln besser unterhaltsame Überschriften geben?

Zeigen Sie in der Leseprobe, was Ihr Buch drauf hat. Ziehen Sie den Leser in die Geschichte, damit er weiterlesen will. Ein Thriller soll spannend beginnen, ein Liebesroman romantisch, ein Gruselroman unheimlich.

Vielleicht hat die Leserin gerade Lust auf Spannung oder auf das Abtauchen in fremde, phantastische Welten? Auf leichte Unterhaltung, auf Spaß und Witz? Auf ein handfestes Drama? Auf sinnliche Gefühle? Nur Cover, Titel und Produktbeschreibung können ihr hier als Wegweiser dienen!

Eine Leserin, die einen gemütlichen Abend mit einem Buch verbringen will, mag in diesen Stunden vielleicht kein tränenreiches Drama erleben, das sie bis in ihre Träume verfolgt. Also hält sie in den Empfehlungen und Listen im Kindle Shop Ausschau nach einer leichten Liebeskomödie – und erwartet sich heitere Wendungen, liebenswerte Charaktere, minimal dramatische Verwicklungen und ein schönes Happyend, das möglichst nach einer Lesezeit von etwa drei Stunden eintrifft, damit sie am nächsten Morgen ausgeschlafen zur Arbeit gehen kann.

Haben Sie genau dieses Buch geschrieben? Dann verpacken Sie es so, dass die Leserin es auch tatsächlich erkennen und finden kann.

Da die „Empfehlungen" im Kindle Shop die Interessen der Leser zu erfüllen suchen, können wir nicht mit alternativen Buchempfehlungen rechnen: Passt unser Titel nicht in einen Leserkreis, wird er dort selten geklickt und noch seltener gekauft, ja sogar negativ bewertet. Dann wird er dort nicht lange empfohlen werden.

Die wenigsten Leserinnen haben Lust auf Experimente. Sie assoziieren Gefühle mit Titeln und Covern und neigen dazu, positive Erlebnisse mit Büchern wiederholen zu wollen.

Die Frage „Wie findet die Leserin unser Buch" lässt sich einfach beantworten: Indem es ihr vom Shop empfohlen wird, das Buch bei ihr die richtigen Assoziationen auslöst und ihr ein tolles Leseerlebnis verspricht.

Wir müssen unser Buch nur für eine passende Leserschaft verpacken und einige Exemplare an dieses Publikum verkaufen. Dann kann Amazon den Titel korrekt einordnen. Schon arbeitet die Shopmaschine aus eigenem Interesse für unser Produkt! Klingt einfach, führt aber zu nächsten Frage:

„Wer ist die richtige Leserin für unser Buch?"

DREIZEHN

Das Publikum finden und verstehen

Bevor man sich mit Marketing und Werbung für einen Titel beschäftigt, sollte man sich über die **Leserkreise** im Klaren sein, die man im Shop überhaupt erreichen kann.

Sehr hilfreich ist es natürlich, wenn man sich über seine Leser schon in der Planungsphase zum Roman Gedanken macht: Nicht umsonst dürfte die erste Frage eines Verlages an den einreichenden Autor sein, für welche Zielgruppe er sein Werk geschrieben hat.

Doch welche Zielgruppen gibt es? Der selbst publizierende Autor verfügt nicht über teuer eingekaufte Kundendaten, Umfrageergebnisse und Verkaufsstatistiken.

Anders als im klassischen Buchhandel liegt der Online-Buchmarkt gerade über die Amazon Website sehr offen vor. Die Bestsellerlisten geben das tatsächliche Kundenverhalten wieder, die „Kunden kauften auch“-Leiste zeigt, welche Titel existieren, die von den Lesern als ähnlich angesehen werden. Die „welche anderen Titel kauften Kunden“-Liste zeigt, welche Bücher in diesem Umfeld die

Nase vorn haben. Ein Klick auf engagierte Rezensenten führt zu weiteren Titeln, die dieser Fan gelesen hat.

Nehmen Sie sich die Zeit! Betrachten Sie Bücher in den Bestsellerlisten, finden Sie Titel, deren Leserkreise zu Ihrem Buch passen könnten, beachten Sie die Rezensionen; und sehen Sie sich genau an, welche Signale bei Cover, Titel und Klappentext den interessierten Lesern von diesen Büchern gegeben werden.

Wie viele Leser stehen hinter den Kategorien im Kindle-Shop? Platz eins verkauft täglich weit über tausend Bücher und verleiht noch mal die gleiche Menge – man kann also von etwa zwei- bis dreitausend Lesern pro Tag ausgehen. Platz tausend im Ranking bedeutet vielleicht zwanzig Leser am Tag, Platz zweitausend fünfzehn.

Haben Sie also eine Bestsellerkategorie ausfindig gemacht, deren Platz eins im Gesamtshop gerade mal Rang tausend erreicht, können Sie mit hoher Wahrscheinlichkeit davon ausgehen, dass die Leserkreise dieses Genres eher klein sind.

Sind die allgemeinen Ränge einer Kategorie sehr weit gespreizt – der erste Rang in den Top hundert, der fünfzigste bei zwanzigtausend – dann scheint die Konkurrenz in diesem Bereich recht niedrig zu sein. Das muss kein gutes Zeichen sein! Die Leserinteressen wandeln sich mit der Zeit, und wenn gestern Vampire unglaublich beliebt waren, muss das morgen nicht zwangsläufig auch der Fall sein.

Das Genre „romantische Komödie“ bei den Liebesromanen ist beispielsweise ein stark umkämpftes Gebiet mit sehr vielen Lesern. Betrachten Sie die Top Fünfzig dieses Genres: Welchen Gesamtrang weist das erste, welchen das zwanzigste Buch auf? Oft sind die ersten drei Liebeskomödien auch in den Top Zwanzig der Kindle Bestseller vertreten; die romantische Komödie auf Platz zwanzig ihres Genres rangiert noch in den Top Zweihundert des Gesamtshops. Wenn Sie wöchentlich diese Liste ansehen, werden Sie bemerken, dass die Titel sich auch recht schnell nach oben oder unten bewegen.

Es werden also sehr viele Liebeskomödien gelesen, der Anteil von „Unlimited"-Lesern ist dabei hoch. Der typische Liebeskomödien-Fan dürfte mindestens drei Titel pro Woche weglesen – er braucht stets Nachschub. Hier müssen Sie also nicht nur unterhaltsam, romantisch und heiter schreiben; sondern auch schnell! Bei der hohen Anzahl von Autoren in diesem Segment ist es für Leser schwer, sich die Namen dieser Autoren zu merken; der Markenaufbau muss also konzentriert und beständig durchgeführt werden. Der hohe Konkurrenzdruck führt auch zu sehr niedrigen Preisen, Sie werden hier viele 99-Cent-Titel finden.

Ebenfalls unter „Liebesromane" können Sie „Western" finden. Hier steht die Nummer Eins meist knapp in den Top Zweihundert, der zwanzigste Titel in der Liste in den Top Zweitausend. Diese Bücher werden viel seltener gekauft – wenn Sie aber die Preise und auch die Bewegung innerhalb dieses Genres im Zeitablauf beobachten, werden Sie feststellen, dass auch solche Kategorien gute Erlöse für den Autor bringen können.

Rufen Sie nun im Kindle Shop die Neuheiten auf: „Letzte 30 Tage". Navigieren Sie in das Genre „Liebesromane" und betrachten Sie die Titel, die hier aufgeführt werden. Im Dezember 2019 stehen hier über eintausend Titel, das macht etwa dreißig Neuerscheinungen pro Tag!

Bei „Liebeskomödie" werden für diesen Zeitraum achtzig Titel angezeigt – auch drei Liebeskomödien pro Tag sind mehr, als die gierigste Leseratte schaffen kann.

Damit ergibt sich in diesem Genre dieser hohe Konkurrenzdruck. Der Fan hat die Qual der Wahl – und der Autor das Problem, in dieser Masse sichtbar zu werden.

Vielleicht gibt es Kategorien, die auf der einen Seite gute Chartplätze aufweisen, aber mit Neuerscheinungen unterversorgt sind? Wo lesehungrige Fans ungeduldig auf Neuerscheinungen warten? Recherchieren Sie selbst!

Bewegen Sie sich als Autor in einem gängigen Genre, dann werden Sie Ihre Leserkreise in den Top-100 Listen der Kindle Bestseller finden. Schreiben Sie gar aktuellen Mainstream, dann sollten Sie sich in den Top Zwanzig umsehen.

Jedes Genre hat seine Leserkreise. Und Leserkreise haben ihre ganz bestimmten Vorstellungen und Anforderungen – die eventuell auch genreübergreifend funktionieren. Konzentrieren Sie sich also im ersten Schritt immer auf die möglichen Leser für Ihr Buch – und entscheiden Sie sich dann erst für Cover, Titel, Klappentext und Genreeinteilung.

Große Leserkreise findet man schnell in den Top Hundert des Kindle Shops. Dahinter gibt es noch ein Universum weiterer Leserkreise, die meist wesentlich kleiner sind. So, wie auch der Amazon Algorithmus funktioniert, so funktioniert auch unsere Suche nach den Lesern: über die Titel.

Als kleine Übung klicken Sie in den Kindle Top Fünfzig auf einige Titel von Selfpublishern. Beachten Sie dabei, dass spezielle Werbeaktionen, wie etwa die „Prime Leihe", künstliche Bestsellerplätze erzeugen, die nicht aus der natürlichen Mechanik des Shops entstehen.

Nehmen Sie einen Thriller, einen Liebesroman, eine heiße Romanze. Betrachten Sie genau die „Kunden kauften auch"-Leiste bei diesen Büchern. Meistens beschreiben hier schon die ersten drei Titel einen Kundenkreis. Die Cover ähneln sich, die Titel klingen ähnlich, das Genre passt und meist stimmen auch Wendungen und Protagonisten in den Geschichten überein. Vertrauenswürdige Rezensenten haben jeden dieser Titel bewertet. Bei etablierten Autoren kann auch der Autorenname selbst schon einen Leserkreis bilden.

Sie werden erkennen: Bücher, die „anders" sind, sind in diesen „Kunden kauften auch"-Listen in der Minderzahl. Der Verdacht, dass die Verpackung eines Buches einen wesentlichen Einfluss auf die Kaufbereitschaft hat, bestätigt sich hier immer wieder.

Haben Sie in den Top Fünfzig des Kindle Shops ein Buch gefunden, das mit seinem Genre, den Wendungen, Motiven, Situationen, Protagonisten und dem Seitenumfang zu Ihrem Buch passt – dann könnte auch Ihr Titel ein Bestseller werden. Denn offensichtlich gibt es einen oder mehrere große Leserkreise, die gerne solche Bücher wie Ihres lesen! Machen Sie es den Leserinnen leicht, Ihr Buch zu erkennen und lehnen Sie sich in der Gestaltung Ihres Covers an den gewohnten Aufbau dieser Bücher an; vergessen Sie aber nicht, dass das Cover gleichzeitig wiedererkennbar und einzigartig wirken muss!

Weicht Ihr Buch – auch in Details – ab, dann werden Sie weiter suchen müssen. Eine heiße Romanze ohne Happy End und mit sechshundert Seiten Umfang passt nicht zu den „gewohnten" Büchern einer Lesegruppe, die ein herzbewegend gutes Ende und maximal drei Stunden Lesezeit erwartet.

Ist die männliche Hauptfigur in ihrem Liebesdrama reich und mächtig, muss sie noch lange nicht der „Millionär“ oder „Bad Boss“ einschlägiger Erfolgsromane sein. Achten Sie auf Wendungen, Eigenschaften und Abläufe in den von entsprechenden Leserkreisen geliebten Büchern, bevor Sie Ihr Buch als „Millionärs-Romanze“ verpacken. Denn nichts ärgert die Leserin bestimmter Genres mehr, als wenn sie unter einem verheißungsvollen Titel nicht „ihre“ heiß erwartete Geschichte bekommt.

Soll man also immer nur das Gleiche schreiben? Nein! Auch die Leserin eines fest umgrenzten Genres erwartet sich überraschende, neue Ideen. Diese neuen Ideen müssen sich allerdings innerhalb des vom Genre festgelegten Rahmens bewegen.

Oft ist dieser Rahmen eng. Doch es fördert die Kreativität mehr, eine neue Idee innerhalb eines Rahmens finden zu müssen: Das freie Austoben auf einer unbegrenzten Fläche führt meist in die Beliebigkeit.

Was Leser erfreut oder verärgert, können Sie gut in den **Rezensionen** nachlesen – meist reicht die höchstbewertete beste und schlechteste Wertung. Hier sieht man auch deutlich, dass Leserkreise nicht einfach nur „Liebesromane“ bevorzugen, sondern ganz bestimmte Ausformungen dieser Gattung. Wendungen und Situationen wie „Betrug“, „Trennung“ oder verbotene Liebe; das Alter der Protagonisten (Young Adult, Twens, zweiter Frühling) oder Spielorte wie die USA oder Ostfriesland haben ihre Fans – und Verächter. Auch die Eigenschaften bestimmter Archetypen werden von Lesern je nach Genre unterschiedlich beurteilt. So kann für den Liebhaber von „Dark Romances“ ein Macho aus einer Chick-Lit Liebeskomödie viel zu weich und nachgiebig wirken.

Das soll nicht bedeuten, dass ein Leser historischer Liebesromane nicht auch einmal etwas Zeitgenössisches liest; oder ein Fan brutaler SM-Romane auch mal eine Liebeskomödie als Erholungspause schätzt. Doch dann achtet auch dieser Leser auf die entsprechenden Signale aus Cover, Titel und Klappentext.

Lesen Sie Rezensionen anderer Bücher! Sie werden bemerken, dass Begriffe wie Wiedererkennen, eingelöstes Vertrauen und das Wiedersehen mit bekannten Figuren einen hohen Stellenwert besitzen.

Lesen Sie die Rezensionen Ihrer Bücher! Oft sieht man die eigene Geschichte in einem völlig anderen Licht, als die Leser; oft unterschätzt man den Eindruck, den Wendungen und Figuren in der eigenen Geschichte auf die Leser machen.

Ihre Leser lieben die heitere Stimmung und die sanft angedeutete Erotik in Ihrem Liebesroman? Sie bewundern die Ehrlichkeit der guten Freundin? Dann peppen Sie Ihr nächstes Buch unter dem gleichen Pseudonym nicht mit Drama, Sex und Verrat auf. Denn so können Sie das Wertvollste zerstören, das ein Autor überhaupt erreichen kann. Einen ganz eigenen, treuen Leserkreis.

Kann man im Kindle Shop auch ein Publikum aktivieren, das sich für **andere Genres** interessiert, als die, die man in den Bestsellerlisten findet? Grundsätzlich ja, aber wahrscheinlich nicht innerhalb des Shops. Nehmen wir an, Sie schreiben in einem Genre, das selten oder nie in den Top 100 aufscheint. Zum Beispiel ein Genre, das männliche Leser sehr interessiert. Dieses Publikum besucht den eBook Shop seltener und wird von den meisten Titeln in den Top 100 nicht wirklich angesprochen.

Sie werden solche Leser außerhalb des Shops finden müssen. Fans von „typisch männlichen“ Genres wie „Military Science Fiction“, Agententhrillern oder körperbetonter Erotika finden Sie eher in einschlägigen Foren. Erfahrungsgemäß ist es auch mit satirischen Romanen und Comedy sehr schwer, im Kindle Shop Fuß zu fassen.

Sie werden bei Ihrem Ausflug in die Bestsellerlisten von Kindle auch festgestellt haben, dass dort verhältnismäßig wenige hochpreisige Verlagsbücher zu finden sind – anders als etwa bei Thalia. Das hängt, wie bereits gesagt, von den unterschiedlich angetriebenen Empfehlungssystemen ab. Amazon wird stets automatisch versuchen, die beliebtesten und günstigsten Titel für sein Publikum anzubieten.

Suchen Sie ein solches hochpreisiges Verlagsbuch im Kindle Shop und betrachten Sie die „Kunden kauften auch“ Leiste.

Sie werden feststellen, dass sich die Leserkreise innerhalb gleicher Genres auch durch den Preis unterscheiden. Ein neun Euro Verlagsthriller eines internationalen Autors wird mit ähnlich teuren Thrillern verknüpft sein. Das sagt uns: Es gibt Leserkreise, die für eine gefühlte Qualität bereit sind, hohe Preise für Kindle eBooks zu bezahlen.

VIERZEHN

Rezensionen

Wie beim Cover, bei der Kategorie oder dem Klappentext ist es bei Rezensionen: **Auch wenn Sie mit hundert 5-Stern Rezis bei Ihrer Neuerscheinung aufwarten können, nutzt das gar nichts, wenn das Buch im Amazon Algorithmus „nicht sichtbar“ ist.**

Bekommt die Leserin Ihr Buch im Shop nicht gezeigt, kann sie auch die tollen Bewertungen nicht sehen!

Wie bereits dargestellt, verbindet die Amazon-Rechenmaschine Käufe und Bewertungen von Kunden und schlägt innerhalb dieser Kundenkreise Produkte vor.

Kurt hat seinen ersten Science Fiction Abenteuerroman veröffentlicht. Stolz zeigt er sein Buch im Bekanntenkreis, und gleich gibt es wohlwollende Jubelrezensionen von der Art wie „Ich lese ja sonst keine Bücher, aber …“ und „Tolles Buch, mehr davon!“. Da Kurt nach Durchsicht der Bestsellerlisten drei Rezensionen als zu wenig erscheinen, macht er sich mutig an eine „Lovelybooks“-Rezensionsrunde.

Tatsächlich erklären sich einige Leser bereit, das Buch zu lesen – und tatsächlich trudeln zwölf weitere Rezensionen mit einem respektablen Schnitt von 4,5 Sternen ein: „Zur Abwechslung mal was Abenteuerliches …“ oder „Mein erster Science Fiction Roman …“

Doch Kurts Buch hängt im Shop fest. Der Rang liegt beständig jenseits der Viertelmillion! Dabei ist das Cover sehr passgenau zum Genre entworfen, der Klappentext ist verkaufsstark und die Rezensionen der „Lovelybooks“-Leserinnen sind ehrlich und gut. Kurt kann sich nicht erklären, warum die Sci-Fi Fans bei seinem Roman überhaupt nicht zugreifen!

Wenn Kurt sich jetzt einmal die einzelnen Rezensenten ansehen würde, würde ihm auffallen, dass keiner seiner Leser ein wirklicher Sci-Fi Fan war. Seine Bekannten hatten bisher Zahnbürsten und Winterjacken rezensiert, die aus „Lovelybooks“ rekrutierten Leserinnen hatten sonst eher Fantasyromanzen und Vampirromane bewertet.

Für den Amazon-Algorithmus gibt es bei Kurts Rezensionen leider keinen Ansatzpunkt für einen Kundenkreis. Wer Zahnbürsten, Jacken oder romantische Fantasy sucht, wird mit einem Sci-Fi Abenteuer wenig anfangen können.

Wie bei den ersten Käufern eines Buches kommt es auch bei den Rezensionen darauf an, Bewertungen von einem passenden Kundenkreis zu bekommen! In Kurts Fall würden drei Rezensionen von Käufern aktueller Science Fiction Bestseller wahrscheinlich wesentlich mehr zum Erfolg beitragen, als dreißig Rezensionen aus völlig unterschiedlichen, beliebigen Lesergruppen.

Rufen Sie den Kindle Shop auf, klicken Sie in die Bestsellerlisten Ihres Genres, suchen Sie ähnliche Bücher wie Ihres und schauen Sie sich die Rezensenten an. Welche anderen Bücher haben diese Leserinnen bewertet? Sie werden erkennen, dass gerade bei erfolgreichen Titeln die

Leserkreise sich bei den Rezensionen sehr deutlich abbilden.

Achten Sie deshalb bei allen Vorstellungsrunden bei Lesern vor allem darauf, auch die richtigen Leserkreise zu treffen! Bei Science Fiction könnte zum Beispiel ein dezidiertes Forum besser funktionieren als „Lovelybooks", das vor allem Mainstream aus Romance, Fantasy und Thrill präsentiert.

Gute Rezensionen unterscheiden sich insofern von schlechten, dass man aus ihnen etwas lernen kann. „Suppi Buch! Mehr davon!" ist zum Beispiel trotz fünf funkelnder Sterne eine unbrauchbare Rezension.

Haben Sie für ein existierendes Publikum ein Buch geschrieben, das diese Leserinnen auch tatsächlich als „ihres" erkennen können, dann werden Sie in den meisten Fällen Käufe und brauchbare Rezensionen erhalten.

Kritische Rezensionen können zu einer wichtigen Erkenntnis führen: dass Talent zum Schreiben alleine noch lange nicht ausreicht, um das Publikum in einem definierten Genre zu begeistern.

Erfüllt Ihr Protagonist die Anforderungen seines Genres? Sind die Kulissen gut gewählt und beschrieben? Ein „New York Krimi" wird Fans von Big Apple anziehen. Diese Leserinnen kennen ihre Lieblingsstadt gut, verbinden Erinnerungen mit Orten, haben den Duft der Weltstadt noch in der Nase! Hier wird eine schnelle „Google Maps"-Recherche nicht ausreichen.

Kritische Rezensionen können Ihnen helfen, Ihre Leserschaft besser zu verstehen. Und in der Folge Geschichten zu erzählen, die Ihr Publikum gut unterhalten und gleichzeitig den Horizont der Leserin erweitern.

Keine Rezensionen sind ein schlechtes Zeichen. Bei

Büchern, die über Gratisaktionen oder teure Werbung billig und diffus verbreitet wurden, sind fehlende Rezensionen ein Hinweis darauf, dass Leserinnen sehr wohl vor der Werbung kapituliert haben; aber den Titel selbst als uninteressant einstufen. Vielleicht ist das Cover so langweilig, dass es im Kindle Lesegerät völlig untergeht? Vielleicht schlafen diese Leserinnen schon bei den ersten Zeilen ein?

Da ihre romantische Vampirreihe nach einem mäßigen Erfolg kaum noch verkauft, hat sich Neele entschieden, den ersten Band übers Wochenende gratis anzubieten. Sie schreibt freundliche Hinweismails an die Betreiber bekannter Websites und weist bei Facebook auf ihr Angebot hin. Mit acht ehrlichen Rezensionen und einem ordentlichen Schnitt von 4,2 Sternen ist dieses Buch ein gutes Schnäppchen für interessierte Leserinnen!

Der Titel kommt bis auf Rang fünf der Gratis-Charts, über tausend Exemplare gehen weg. Dass die Ränge eins bis vier der Charts von Ratgebern besetzt sind, wundert Neele nicht, schließlich ist das immer so, seitdem Ratgeberverleger große Geldsummen in die Hand nehmen, um ihre Titel breit zu verteilen.

Doch dann der Schock: Eine 1-Stern Rezension zieht Neeles Roman auf 3,8 Sterne runter. „Konnte Buch nicht lesen nicht interessant viele Feler!“

Sophia verdient sich ein kleines Zubrot mit dem Schreiben von Rezensionen. Dafür bekommt sie von ihrem Boss Listen geschickt, welche Bücher sie zu kaufen und zu bewerten hat. Heute hat sie schon einen Schülerratgeber („Sehr gut, seit ich mit diesem Buch lerne habe ich auf der Schule Notenschnitt 1,2“), eine Fitnessratgeber für Senioren („Toll! Fühle mich wie dreißig Jahre jünger“) und einen Rucksack-Reiseführer („Komme gerade von einer 6 Wochen Tour durch Afrika zurück, dieser Ratgeber hat mich gerettet“) rezensiert.

Alle diese Schmalspurratgeber waren an diesem Tag gratis eingestellt, um Sophia und ihren Kollegen ohne Geldeinsatz das „verifizierter Kauf"-Label zu ermöglichen. Jetzt muss Sophia allerdings ihre Spuren verwischen, weil die Amazon-Aufpasser allzu gleichförmige Rezensionsmuster automatisch erkennen können. Sophia schaut in die Gratisbücher, findet auf Platz fünf einen Vampirroman, schreibt schnell und unkonzentriert die Zeile „Konnte Buch nicht lesen nicht interessant viele Feler!" und gibt einen Stern, damit ihr Notendurchschnitt gegenüber Amazon nicht auffällig wird. Schließlich will Sophia diesen Job noch länger machen!

Leider haben pfiffige Leute die „Gratisaktionen" bei Amazon als Vehikel gefunden, um ihre gekauften Rezensionen günstig und legal als „verifiziert" darstellen zu können; das scheint zur Zeit Amazons stetige Anstrengungen, Rezensionsbetrug aufzudecken, zu unterlaufen. Verfolgt man allerdings solche Ratgebertitel über längere Zeit, werden diese Schwindelbewertungen und die zugehörigen „Produkte" recht verlässlich gelöscht.

Doch Neele wird ihre lästige 1-Stern Rezension kaum loswerden – ihr Titel weist aus Sicht Amazons keine Unregelmäßigkeiten auf.

Es muss an dieser Stelle deutlich gesagt werden, dass sowohl der Tausch als auch der Kauf von Rezensionen ein klassischer Fall von Betrug sind. Nicht nur Amazon verbietet dieses Vorgehen, sondern auch das deutsche und internationale Strafrecht: **Der Kauf und der Tausch von Bewertungen für kostenpflichtig zu kaufende Produkte ist gewerbsmäßiger Betrug am Kunden** und damit gleichzeitig ein Verstoß gegen das Wettbewerbsrecht. Auch wenn Sie mit einer befreundeten Autorin „nur aus Freundschaft" wechselseitig Ihre Bücher rezensieren, ist das gegenüber anderen Autoren eine unlautere Geschäftspraktik und damit im Fall einer Klage strafrechtlich relevant.

Klara hat mit ihren herzbewegenden Romanzen viele Leserinnen erreicht; ihr Newsletter umfasst schon hunderte Fans und jeder neue Liebesroman findet schon wenige Tage nach Veröffentlichung in die Top 100 des Kindle Shops. Was Klara allerdings sehr ärgert: Immer öfter verschwinden Rezensionen gerade ihrer besten Leserinnen! Wie kommt Amazon dazu, gerade Bewertungen von treuen Fans zu löschen? Wenn Klara sieht, wie viele offensichtlich gefälschte Rezensionen bei vielen anderen Büchern zu sehen sind, ärgert sie sich umso mehr.

Amazon führt einen Dauerkrieg gegen Rezensionsbetrüger. Dieser Kampf findet auf rein technischer Basis statt. Einer dieser technischen Vorgänge ist die Analyse von verwendeten Links.

Klara sucht ihr eigenes Buch im Kindle Shop, klickt auf den Titel und gelangt so auf die Produktseite ihres eBooks. Dann kopiert sie den Link im Browser in die Mail, die sie an ihre Fans verschickt. Die Fans erhalten die Mail und klicken wieder auf diesen Link, der sie zielsicher zum neuen Buch Klaras führt. Jetzt weiß Amazon allerdings: Alle diese Käufer wurden über diesen einen Link aktiviert und stammen somit von einer Quelle. Denn jeder Amazonlink, der über eine Suche erzeugt wurde, enthält einen unverwechselbaren Code.

Suchen Sie ein beliebiges Buch im Shop, geben Sie beispielsweise „Liebesroman" ein. Klicken Sie in der

Ergebnisliste auf einen Titel — und betrachten Sie dann den Link, der im Browser sichtbar wird.

Dieser Link ist sehr lang und mit kryptischen Informationen gefüllt. Da findet sich das Kürzel „qid=", gefolgt von einer zehnstelligen Zahl, die die Anzahl der Sekunden seit dem 1. Januar 1970, dem Startdatum aller Computeruhren, angibt. Wenn Sie ihren gerade erzeugten Linktext noch einmal mit „Return" aufrufen, erkennt Amazon auf die Sekunde genau, wann dieser Link erzeugt wurde und wieviel Zeit inzwischen vergangen ist.

Sie finden auch Ihr Keyword „Liebesroman" in diesem Linktext. Und die Position des Buchtitels zum Zeitpunkt Ihrer der Suche bei dem Kürzel „sr=".

Diese Angaben — exakter Zeitpunkt der Suche, Suchwort und aktuelle Rangposition des Titels bei der Suche — ergeben einen unverwechselbaren Code. Und damit auch Amazon einen untrüglichen Hinweis, dass genau dieser eine Link von Klara mehrfach verwendet wurde, um ihre Leserinnen auf ihr Buch hinzuweisen. Schreiben Klaras Leserinnen nach Klick auf diesen einzigartigen Linktext eine Rezension, greifen die internen Sicherheitsalgorithmen … und die Bewertungen werden nicht lange online bleiben.

Klara kann diese automatische Verfolgung durch Amazon auf einfache Weise vermeiden, indem sie in dem Link alle Informationen, die auf die zehnstellige ASIN-Nummer folgen, löscht. Um ein eBook bei Amazon direkt zu adressieren, reicht der Linktext „https://www.amazon.-de/dp/xxxxxxxxx". Ersetzen Sie die „xxxxxxxxxx" durch den ASIN-Code Ihres Titels.

Die immer noch verbreitete Ansicht, durch Verwendung von vorgefertigten oder geschickt selbst komponierten Amazonlinks inklusive erwünschter Suchworte könnte man die Position des eigenen Buches bei diesen Suchbegriffen verbessern, ist falsch. Amazon kann sehr wohl zwischen echter Suche und der Verwendung von handgestrickten Linktexten unterscheiden.

FÜNFZEHN

Preis und Wert

Bastian hat einen Krimi geschrieben. Sein erstes Buch, er ist zu Recht stolz darauf: Denn es war viel Arbeit, einen spannenden Plot zu entwerfen und in unzähligen Stunden dreihundert Seiten auszuformulieren. Ein professionelles Lektorat konnte sich Bastian nicht leisten, aber eine befreundete Deutschlehrerin war gerne bereit, das Werk gegenzulesen.

Das Cover erstellte Bastian selbst, nachdem er sich mit Youtube-Anleitungen in „Gimp" eingearbeitet hatte. Nun hat er das Buch im Shop hochgeladen und sitzt vor dem Abschnitt „Tantiemen und Preise".

Bastian hat eine gefestigte Meinung zum Wert von Büchern. In einschlägigen Facebookgruppen beteiligte er sich bereits an diversen Diskussionen zu dem Thema – auch ihn stört es gewaltig, dass Autorenkollegen ihre Bücher derart verramschen. Wenn er an all die Stunden denkt, die er in diesen Roman investiert hat … da ist ein Verkaufspreis von 8,99 Euro das Mindeste. Denn schließlich kosten auch neue Bücher im Buchhandel mindestens so viel.

Dass sein Buch in der Folge kein einziges Mal verkauft wird, wundert Bastian überhaupt nicht. Denn die anderen Autoren haben den Markt kaputt gemacht! Die Leser sind inzwischen daran gewöhnt, einen dreihundert Seiten Roman für läppische drei Euro kaufen zu können.

Da macht Bastian nicht mit! Denn schließlich will er für seine Leistung auch entsprechend honoriert werden.

Warum sollte sich ein Selfpublisher auf die **niedrigen Preise für eBooks** einlassen, wenn es Leserkreise auch für teurere Bücher gibt?

Warum sollten Leser nicht bereit sein, auch für selbst publizierte Belletristik Preise jenseits der 3,99 € Grenze zu zahlen?

Hier möchte ich den Blick wieder auf den Buchmarkt in Deutschland richten. Ein Geschäft, das insgesamt neu Milliarden Euro schwer ist. Ein Geschäft, in dem millionenschwere Werbe- und Marketingkampagnen gefahren werden; in dem Autorenmarken über Jahrzehnte gezielt aufgebaut werden.

Es ist absolut verständlich, dass ein Produkt, in das über die Zeit sehr hohe Marketinggelder geflossen sind, auch seinen entsprechenden Preis hat. Von den fünfundzwanzig Euro, die ein neuer Bestseller kostet, fließt ein Teil direkt in die Werbekampagnen des Verlages – oft ist der Werbeanteil auch höher als der Ertrag des Verlages, wenn man neue Reihen oder einen Bestseller aus den USA in Deutschland etablieren will. Der Verlag bezahlt damit die Regalplätze und Bestsellerpyramiden beim Buchhändler, über Werbeanzeigen die Rezensionen in den Feuilletons der Tageszeitungen, er bezahlt den Auftritt des Autors in TV Sendungen und die Leseplätze bei Buchmessen – und nicht zuletzt die hohe gedruckte Auflage, die die Basis für den begehrten „Spiegel Bestseller"-Rang darstellt.

. . .

In einen launigen Vergleich gebracht: Wollen Sie mit Ihrem neuen Buch in der Formel Eins des Buchmarktes starten, werden Sie den entsprechend ausgestatteten Rennstall mit Millionenbudget im Rücken brauchen – sonst lässt man Sie gar nicht auf die Piste.

Eine Faustregel im eBook-Verkauf ist: Sie werden doppelt bis drei mal so viel Geld ausgeben, wie der Preis des Buches selbst ist – um ein Exemplar zu verkaufen. Bei einem 99 Cent Buch sind das überschaubare zwei bis drei Euro. Bei einem 9,99 € Buch schon dreißig Euro. Um die notwendigen dreißig bis fünfzig Verkäufe zu schaffen, brauchen Sie also rein rechnerisch beim Schnäppchenbuch zu 99 Cent einhundert bis einhundertfünfzig Euro Werbebudget; das gilt allerdings nur, wenn Sie bei einer guten Zielgruppe ein optimal verpacktes Buch anbieten!

Um ein Zehn-Euro-Buch in den Minimalumlauf zu bringen, werden Sie wahrscheinlich tausend Euro Werbebudget planen müssen – wenn sie nicht bereits ein gut bekannter Bestsellerautor sind.

Damit Verkaufswerbung für gefühlt hochpreisige Produkte funktionieren kann, muss immer die Basismarke aufgebaut werden. Dass ein Porsche grundsätzlich teurer ist als ein Skoda, hat direkt mit dem Basiswert dieser Marke zu tun, und dieser Basiswert wurde über Jahrzehnte mit vielen Millionen Euro Werbetat aufgebaut.

Unterschätzen Sie Dauer und Aufwand für den Aufbau einer solchen Autorenmarke nicht. Auch eine hochwertige, über die Jahre mit viel Geld gestützte Marke wie „Dan Brown“ wird bei einer neuen Erscheinung mit neuen Werbemillionen unterfüttert.

. . .

Sie haben gar kein Werbebudget und keinen großen Publikumsverlag im Rücken, wollen aber Ihren Liebesroman trotzdem nicht unter 7,99 € anbieten? Ganz ehrlich: Vergessen Sie es. Schade um Ihr Buch, das es sicher verdient hätte, gelesen zu werden.

Mark hat die Schnauze voll. Dieses Verramschen von Büchern ist ein Unding, wegen dieser ganzen 99–Cent Angebote wird auch sein eigener Markt kaputt gemacht. Denn wer soll schon für einen Krimi 6,99 Euro zahlen, wenn er so viele Konkurrenzangebote zu Schnäppchenpreisen bekommt? Mark startet eine Petition in der Facebookgruppe für Selfpublisher: „Gute Preise für gute Bücher! Weg mit dem Preisdumping!“

Anfangs ist der Zuspruch hoch, Mark erkennt zufrieden die Likes und positiven Kommentare von befreundeten Autoren, die genauso denken wie er selbst. Dann melden sich die üblichen Trolle, die alles kaputt diskutieren müssen. Und dann würgt auch noch ein Admin die Diskussion ab und schließt Marks Beitrag.

Warum tun sich Autoren nicht einfach zusammen und erhöhen gleichzeitig die Preise ihrer Bücher? Wenn das alle tun, muss doch der Leser notgedrungen höhere Preise zahlen!

Preise, das ist ein wichtiger Bestandteil unserer weltweiten Wirtschaftsordnung, formen sich aus Angebot und Nachfrage am Markt. Das gilt, um es zu wiederholen, weltweit! Vielleicht ist Nordkorea hier eine Ausnahme.

Preisabsprachen zwischen Anbietern sind weltweit geächtet und werden durch die nationalen Kartellämter hart bestraft. Das gilt für die Autoindustrie genauso wie für Obsthändler an einem Wochenmarkt.

Und natürlich auch für Verleger, die ihre Bücher selbst über Amazon oder Thalia anbieten.

Falls Sie also keine Abmahnung riskieren wollen, sollten Sie sich Aufrufe zu Preisabsprachen in der Öffentlichkeit verkneifen.

SECHZEHN

Bestseller für das Publikum schreiben

Für den Leser schreiben? Torwald rümpft die Nase. Die Aufgabe der Literatur ist doch, den Leser herauszufordern, neue Wege und Welten aufzuzeigen, Grenzen zu überschreiten, Konventionen zu brechen! Sein achthundertseitiges Werk „Die Butterblume und Cagliostro" ist mutig und rüttelt an den Grundfesten der Gesellschaft!

Torwald findet es ärgerlich, dass ein so mächtiger Konzern wie Amazon Bücher wie seines mit Missachtung straft. Statt dessen verkauft Jeff Bezos lieber Schmonzetten, Bad Boy Romanzen und billige Heftromankrimis — wahrscheinlich kennt Bezos selbst gar keine echte Literatur. Schon bei der erzwungenen Eingabe von Kategorien zeigt sich das ganze Elend. Amazon wird seiner Verantwortung als Buchhändler in keiner Weise gerecht! Durch seine schiere Marktmacht zerstört Amazon die etablierte Verlags- und Buchhandelswelt, zwingt Autoren in den unwürdigen Zustand eines „Selbstpublizierenden" und unterdrückt erfolgreich Fortschritt und Intellektualität. Musste mal gesagt werden! Torwald fühlt sich jetzt etwas besser.

Die Welt der Belletristik lässt sich grob in drei Bereiche

einteilen: Werke der Hochliteratur, „Mainstream Bestseller“ und Heftromane.

Hochliterarische Werke zeichnen sich dadurch aus, dass sie Regeln brechen, sprachliches Neuland erforschen und in Bereiche vordringen, die den anspruchsvollen Leser fordern. Oft werden solche Kunstwerke von den Zeitgenossen nicht verstanden und erleben erst in nachfolgenden Generationen ihre wahre Anerkennung.

Man liest über solche Werke im Feuilleton der „Zeit“, hört sie bei den Lesungen zum Ingeborg-Bachmann-Preis und findet sie in teuren Hardcover-Ausgaben bei gut sortierten Buchhändlern. Es gibt Leserkreise, die solche Bücher suchen, kaufen, in das gut sichtbare Buchregal im Wohnzimmer stellen ... und vielleicht sogar lesen. Am größten ist die Chance, mit einem solchen Buch Erfolg zu haben, wenn man von einem renommierten Verlag verlegt und über Artikel im Feuilleton und Literaturpreise innerhalb dieser Literaturszene gefördert wird.

Echte literarische Werke tauchen allerdings nur sehr selten in den allgemeinen Bestsellerlisten auf – vor allem nicht in den eBook-Bestsellerlisten.

Am anderen Ende der Belletristik findet sich **der Heftroman**, wie er seit über hundert Jahren von einschlägigen Verlagen sehr erfolgreich angeboten wird – allein „Jerry Cotton“ erreicht inzwischen eine schier unfassbare Gesamtauflage von fast einer Milliarde Exemplare. Der Heftroman bietet schnelle Unterhaltung in einer übersichtlichen Lesezeit; auf Spannung angelegte Plots und wiedererkennbare, klar definierte Archetypen, die an ein Kasperltheater erinnern: die Prinzessin, den Polizisten und das böse Krokodil – beziehungsweise das Opfer, den Kommissar und den Täter. Heftromane befolgen eisern die

Regeln ihrer Genres und sind sprachlich auf schnelles Lesen optimiert. Fastfood für Leseratten!

Typische Heftromane wie Coras „Baccara“, „Julia“ oder „Tiffany“, Arztromane, „Cotton“-Krimis oder „Rhodan“ Sci-Fi sind meist hundertzwanzig Seiten lang und tauchen eher selten in den Bestsellerlisten im Online-Shop auf; ihre Domäne ist immer noch das gedruckte Heft am Kiosk. Die moderne Form, meist in „Dark Romance“, „Bad Boy“ oder Milliardärsromane verpackt, feiert hingegen Erfolge am Kindle Markt.

Der größte Irrtum, dem viele Autoren in der Bewertung von Heftromanen unterliegen, ist, dass diese Literaturgattung einfach zu schreiben sei und nur primitive Leser anspricht. Das stimmt nicht! Denn betrachtet man Rang und Rezensionen mancher Machwerke, sind die Leser sehr wohl in der Lage, gute Heftromane von schlechten zu unterscheiden.

Ein guter Kurzroman ist sowohl vom Aufbau wie auch von der Schreibe her eine anspruchsvolle Aufgabe, und nur wenige Autoren haben hier die Meisterschaft erreicht, ihre Leser dauerhaft zu fesseln und regelmäßig Charterfolge zu schaffen.

Der „Mainstream Bestseller“ steht zwischen dem literarischen Werk und dem Heftroman – mal näher bei der Kunst, mal näher beim Kommerz, idealerweise aber genau dazwischen.

Er ist sprachlich hochwertig geschrieben, befolgt die Regeln seines Genres, doch interpretiert sie neu; führt komplexe Figuren vor, die aber dennoch auf klassischen Archetypen aufsetzen; und bietet gehobene Unterhaltung auf mindestens zweihundert Seiten, auf denen die Spannung nicht zu kurz kommt der Leser aber auch intellektuell gefordert wird.

So ein Buch – anspruchsvoll, aber trotzdem gut lesbar und spannend – ist genau das, was die meisten Leser suchen.

Mainstream Bestseller haben ein **Genre**! In den Bestsellerlisten finden sich deshalb klar definierte Geschichten: Liebesromane, Thriller und Krimis, die mal in der Gegenwart, in der Vergangenheit, in der Zukunft oder einem Fantasyreich aufgeführt werden. Geschichten, die den uralten Grundmotiven folgen: Liebe, Aufstieg und Fall, Dreiecksbeziehung oder Rache. Geschichten, die Figuren beschreiben, die ebenso uralten Typologien entsprechen und die ihre „Heldenreise" gegen alle Widerstände bis zum Ziel zurücklegen.

Mainstream Bestseller haben eine **Botschaft**; sie spiegeln die Kultur der Bevölkerung, nehmen ihre Wünsche und Hoffnungen auf, behandeln politische und wirtschaftliche Fragen, rühren an schmerzhafte Erfahrungen, diskutieren gesellschaftliche Themen. Deshalb sind diese Romane im seltensten Fall wirklich zeitlos.

„Mainstream" ist natürlich auch **Massengeschmack**.

Auch ich bewundere Künstler, die sich gegen den Durchschnitt stemmen und Werke schaffen, die vielleicht erst von der Nachwelt verstanden werden. Gut, dass es heute ein soziales Netz gibt, das dafür sorgt, dass solche Künstler nicht verhungern – wie das in früheren Jahrhunderten durchaus der Fall war.

Der Buchmarkt ist keine soziale Einrichtung. Sowohl der klassische Buchhändler als auch der Onlineshop verkaufen vor allem „Mainstream Bestseller". Warum? Weil die überwältigende Mehrheit der Leser diesen „Mainstream“ durch ihr Interesse und Kaufverhalten selbst definiert.

Im liebevoll eingerichteten Buchladen in dem kleinen Städtchen in Cornwall duftet es nach Tee. Ein offener Kamin wärmt die Leserin, während draußen an der felsigen Küste ein Sturm aufzieht.

Oder war es die Pferdefarm in Colorado? Der Schokoladenladen auf Rügen? Das Cupcake Café in New York? Der Lingerie Shop in London?

Wenn wir die Bestsellerlisten durchforsten, finden wir immer wieder Sehnsuchtsorte, die meist ein wehrloses Aschenputtel beherbergen. Der Sturm, der von Ferne aufzieht, kommt oft in Form eines attraktiven, aber gefährlichen Wolfes, der mit seiner Mission die gemütliche Existenz des Aschenputtels gefährdet — aber von ihrer reinen Liebe bekehrt seine harte Schale öffnet und schließlich zum liebevollen Beschützer mutiert.

So kommt es zu typischen Geschichten, die immer wieder die Bestsellerlisten bevölkern, also auch immer wieder gerne gelesen werden. Etwa: Der tief verschneite Wald Kanadas ist malerisch — so lange das Auto unserer Protagonistin noch funktioniert. Aber natürlich gerät Rotkäppchen in eine Notlage, fern von der Zivilisation … und das ausgerechnet in dem Revier des Wolfes, der nur darauf wartet, sein nächstes Opfer zu fressen.

Oder: Nachdem die erste Liebe tragisch zu Ende ging, zog es unsere Heldin in die Ferne. Nun, zehn Jahre später, kehrt sie als wind- und wettererprobte Globetrotterin in das heimatliche Dorf zurück und begegnet ihrer damaligen, inzwischen ebenfalls gereiften Jugendliebe wieder.

Doch ein düsteres Familiengeheimnis droht, diese zweite Chance zu vermasseln!

Der innerste Kern der meisten Bestsellerromane ist das klassische Märchen mit seinen uralten Themen: Aschenputtel und der Prinz, Rotkäppchen und der Wolf, die Begegnung mit der Vergangenheit, der Kampf gegen den Drachen, die Heimkehr nach den Jahren in der Fremde, der Aufbruch ins Ungewisse.

Natürlich haben sich über die Jahrhunderte die äußeren Formen geändert, die Kulissen sind modernisiert und ein Aschenputtel aus einem „Rotationsroman“ von 1950 ist mit ihrer emanzipierten Schwester von 2019 nicht mehr vergleichbar.

Doch stets entspricht der Roman den tiefen Sehnsüchten und Ängsten unserer Gesellschaft. Das Böse kommt heute meist als Immobilienhai, Mafioso oder kalter Globalist daher; die Gute ist heute allerdings nicht mehr Kindermädchen oder „Tippse“, sondern Architektin, Künstlerin oder Studentin. Aber sie ist immer noch schwach — doch unbesiegbar, wenn sie liebt. Wir wollen die Leserin nicht rügen, dass sie ihre Traumwelten gerne in Büchern liest. Wir wollen nicht verurteilen, dass sie insgeheim von einem archaischen Männerbild träumt und deshalb gerne Drachenwandler und Werwölfe akzeptiert, obwohl sie mit klassischer Fantasy vielleicht nichts anfangen kann.

Der erste und wahrscheinlich wichtigste Tipp zum Schreiben eines erfolgreichen Buches für Ihr Genre ist: Liefern Sie der Leserin genau das, was Sie auch ankündigen. Wer auf einen Zug aufspringen will, sollte eine Fahrkarte besitzen! Wollen Sie also einen Skandinavienthriller, eine Bad Boy Romance oder ein Sci-Fi Abenteuer schreiben, dann machen Sie sich zuerst mit diesem Genre und dem dortigen Lesepublikum vertraut, bevor Sie mit der Planung eines Romans beginnen.

Der Aufbau eines ganz eigenen Genres ist eine noch wesentlich größere Aufgabe! Sie werden viele erfolgreiche Bücher schreiben müssen, um eine eigene Leserschaft um Ihr ganz spezielles Genre versammeln zu können. Das erfordert einen langen Atem.

Wesentlich einfacher ist es, aus einem bestehenden Genre behutsam ein neues zu entwickeln, wie es etwa E. L. James mit „Shades“ tat, das ursprünglich als „Fanfiction“ zu „Twilight“ erschien.

Die Leserin sucht nach bestimmten Themen und orientiert sich dabei an Covern, Titeln und Klappentexten. Das Genre allein reicht allerdings nicht, die Leserin zu befriedigen – das dort erwartete Thema muss erfüllt sein! Um herauszufinden, welche Themen in welchen Kategorien angesagt sind, sollten Sie die aktuellen Bestseller lesen.

Stößt die Leserin etwa auf einen romantischen Wikingerroman, erwartet sie sich natürlich ein bestimmtes historisches Setting und eine kenntnisreich ausgeführte Kulisse; was sie sich aber vor allem wünscht, ist das Thema, das romantisch-abenteuerlich Wikingerromane gemeinhin bieten. In diesem Falle könnte das der wilde, blonde Mann sein, der die harte Schale um sein Herz nur für die eine Frau öffnet. Sollte Ihre Wikingerromanze keinen solchen „Wikinger“-Archetypen enthalten, dürfte es schwierig werden, Leserinnen zu überzeugen.

Genau so ist es bei Gerichtskrimis, Space Opera Romanen oder Sado-Maso Romanzen. Überall bildet das

Thema den Kern der Geschichte, alles andere ist nur Kulisse.

Lernen Sie, Ihren anvisierten Leser zu verstehen. Dazu gehört unbedingt, dass Sie erfolgreiche Titel Ihres Genres aufmerksam lesen und positiv analysieren.

Sophia will endlich Geld im Shop verdienen, nachdem sie mit ihren nachdenklichen, dramatischen und kunstvoll geschriebenen Romanen wenig Erfolg hatte. Sie betrachtet die Bestsellerlisten, sieht jede Menge schnell produzierter „Hot Romances" mit finsteren Covern, nackten Männerbrüsten und schwungvoll gesetzten Titeln in einfachstem Denglisch.

Sophia liest in Leseproben hinein, schüttelt sich angesichts der sprachlichen Schlichtheit dieser Texte und beschließt, mal eben auch so einen „Heftroman" zu schreiben – das, so glaubt Sophia, ist ja die einfachste Fingerübung.

Um es abzukürzen: Sophias Heftroman entwickelt sich nach einem kurzen Höhenflug zum Debakel. „Konnte mit den Protagonisten nicht warm werden" und „ich kann die Handlungen der Hauptperson nicht nachvollziehen" verraten manche Rezensionen. Viele Leserinnen brachen das Buch bei der Hälfte ab.

Während Sophia nun überzeugt ist, dass die Kindle-Leser für anspruchsvolle Kost einfach zu dumm sind, dürfte eine schonungslose Analyse ihres Werkes ergeben, dass Sophia rein handwerklich nicht in der Lage war, ein solches Projekt zu bewältigen – Sophia hat das Thema verfehlt.

Denn Sophia hat hat ihre wohl **wichtigste Aufgabe als Autor** schlichtweg übersehen. Es reicht nicht aus, gut schreiben zu können, um einen Leserkreis zu begeistern.

Ein Leserkreis ist gleichzusetzen mit einem versierten Fachpublikum. Die Leserin von Vampirromanen kennt alle

Serientitel und Bücher zu diesem Genre; sie weiß also ganz genau, wie ein Vampir tickt, und enttarnt einen nachlässig entworfenen Blutsauger sofort. So ist es auch mit Bad Boys, verbitterten Cops oder Serienkillern. Um einen neuen Spezialagenten, eine Raumpiratin oder eine Escortdame zu entwerfen und eine stimmige Geschichte zu einer solchen Figur zu schreiben, muss der Autor in diesem Genre firm sein! Unterschätzen Sie auch niemals das Fachwissen von Liebhabern historischer Romane. Auch die leichteste Regency-Romance muss mit exakt recherchiertem Hintergrund aufwarten!

Ein Autor muss die Bücher lesen, die auch sein Zielpublikum liest, er muss die Netflixserien ansehen, die seine Leserin liebt. Er muss lernen, die Wünsche, Hoffnungen und Emotionen seiner Leser zu verstehen; er muss die Figuren und Wendungen kennen, die in diesem Genre angesagt sind.

Ich hatte weiter oben den Begriff „positiv analysieren" genannt. Wenn Sie den Lesestoff Ihres Publikums verachten, dann schreiben Sie besser nicht für dieses Publikum. Denn das spürt die Leserin sofort.

Figuren und Wendungen bevölkern einen Roman, um Emotionen bei den Lesern auszulösen. Je besser Sie die empfindlichen Druckpunkte in den Seelen und Herzen Ihrer Leserin kennen, desto besser wird es Ihnen gelingen, diese Emotionen auszulösen. Und desto sicherer wird Ihr Buch begeisterte Leserinnen finden.

Erfolgreiche Romane präsentieren Lesern eine dramatisierte Form ihrer eigenen Realität. Nach den Erkenntnissen von Jodie Archer und Matthew L. Jockers in ihrem Fachbuch „Der Bestseller-Code“ geht es dabei meistens um handfeste Dinge: um **Liebe, Verpflichtung, Verrat, den Tod oder das Geld**. Gleichzeitig sollte aber die Kulisse die Leserin in **atemberaubende, phantasievolle, beängstigende oder farbenfroh-heitere Welten** entführen.

Eine „ganz normale“ Geschichte hat es schwer am Lesermarkt. Dazu gehören zum Beispiel Biografien. Die betuliche Lebensgeschichte von Tante Else aus Thüringen zieht nicht so viele Interessenten an, wie die Biografie eines Promis oder eines Menschen in einer tatsächlich einzigartigen, gefährlichen Situation.

In den Bestsellerlisten sind Bücher tendenziell erfolgreicher, die eine **gut konstruierte Gefühlsachterbahn** bieten. Das oft geschmähte, aber extrem verkaufsstarke „Shades of Grey“ bietet eine solche klassische Achterbahn in Reinkultur: Ganze fünf Mal wird die Leserin emotional in höchste Höhen und sofort wieder in tiefste Tiefen entführt – und am Ende mit gebrochenem Herzen zurückgelassen, auf dass er den nächsten Teil der Reihe kaufen möge. Die Autoren von „Der Bestseller-Code“ fanden heraus, dass der Superbestseller „Sakrileg“ von Dan Brown genau der gleichen Gefühlskurve folgt, wie „Shades“; mit dem einzigen Unterschied, dass „Sakrileg“ abgeschlossen ist und deshalb die Leserin mit einem Happy End belohnt.

Nehmen Sie für Ihr Romanprojekt ein Blatt A4 Papier, ziehen Sie eine waagrechte Linie „Romanfortschritt“ mit Seitenangaben (zum Beispiel in 50er-Schritten) und eine senkrechte „Emotion des Lesers“. Die Emotionsskala geht von „größtes Glücksgefühl“ bis „völlige Verzweiflung“. Die senkrechte Linie kreuzt die waagrechte bei „emotionslos“.

Die „Bestsellerregel“ lautet nun: Auf den ersten fünfzig Seiten sollte man der Leserin einen Moment des Glücks schenken, danach sollte sofort Verzweiflung folgen. Diese Berg- und Talfahrt sollte über die gesamte Erzählstrecke insgesamt fünf Gefühlsbögen enthalten, wobei eine stetige Steigerung der Emotionen sinnvoll sein kann, um die Leserin bei der Stange zu halten. Wenn der Roman abgeschlossen ist, empfiehlt sich meist, im höchsten Glück zu enden; anders ist es natürlich bei Reihen.

Die Untersuchung zeigte, dass Bestsellertitel sehr oft diese „fünf Schikanen“ der Achterbahnfahrt umsetzen; während Bücher, die auf den hinteren Rängen hängen blieben, tendenziell kein so ausgewogenes Design aufwiesen.

Nur mit einer solchen Achterbahn ermöglichen Bücher der Leserin eine Flucht aus dem Alltag, lassen sie in eine Geschichte versinken, sorgen für lange Lesenächte, ergeben süße Momente oder kribbelnde Furcht. Eine Geschichte soll nicht einfach erzählen, sondern die Leserin mitreißen.

Es empfiehlt sich also, neben einem reinen Plotentwurf diese „Gefühlsachterbahn“ für einen Roman zu skizzieren und sich bei jeder Szene die Frage zu stellen: was macht das mit dem Leser? Wo will ich ihn haben, was soll er vermuten, was soll er sich wünschen? Um dann die nächste Schikane in die Achterbahn einzubauen …

Besonders wichtig sind solche Gefühlsachterbahnen bei Reihen. Dabei liegt die Kunst darin, jeden einzelnen Titel mit einer funktionierenden Achterbahn auszustatten; aber gleichzeitig eine Emotionskurve auch über den Verlauf der Reihe zu legen. So binden Sie die Leserin nicht nur an die Scharfsinnigkeit Ihres Detektivs, sondern auch an sein ganz persönliches Schicksal, das sich über viele Fälle hinweg entwickeln kann.

In ihrer Untersuchung fanden die Autoren auch heraus, dass Protagonisten in Bestsellerromanen oft mit den Begriffen „brauchen“, „wollen“ und „lieben“ verknüpft sind. Sie tendieren zu einfachen und kontrollierten Bewegungsabläufen, gehen Dinge aktiv an, sind mutig und erkennen Zusammenhänge – typische Heldenfiguren, die wissen, was sie wollen und Dinge mit Nachdruck angehen.

Anders ist es bei Romanen, in denen Protagonisten „akzeptieren“, „wünschen“, „vermuten“ und „ablehnen“. Wenn sie murmeln, protestieren oder schreien. Solche Antihelden schaffen es seltener in die Bestsellerlisten; was damit zu tun haben könnte, dass Leserinnen sich ungern mit solchen Figuren identifizieren.

„Der Bestseller-Code“ zeigt auch, dass erfolgreiche Romane meist nur ein oder maximal vier Themen behandeln, während Bücher, die weniger erfolgreich sind, vielfältiger angelegt sind. Je verlässlicher ein Autor für ein bestimmtes Setting und Thema steht, desto wahrscheinlicher ist es, dass er einen großen Leserkreis aufbauen kann.

Dem Thema steht bei Bestsellern stets ein Konflikt gegenüber, der ein menschliches Drama beschreibt. Dabei geht es um Schlagworte wie „Nähe“, „Intimität“, „Treffen“ und „Gespräch“. Ein klarer Hinweis darauf, dass das Herz der Leserin angesprochen werden muss, um sie nachdrücklich zu fesseln.

Themen, die bei Leserinnen gut ankommen, enthalten meist Realismus und Ungewöhnliches in einem ausgewogenen Verhältnis. Rein „reale“ Themen sprechen nur den Verstand, ungewohnte Themen dafür den Bauch an. Das Erfolgsrezept liegt in der Verbindung beider Bereiche.

. . .

Rosanne ist verzweifelt. Sie hat gerade das Kapitel „Bestsellerfaktoren“ im Autorenguide gelesen und Johannes angerufen, mit dem sie schon seit Jahren lockeren Kontakt hält. Ihr seien, sagt Rosanne, geradezu die Tränen gekommen. Hätte sie als beginnende Autorin diesen Text gelesen, sie hätte den Mut verloren, hätte alles hingeworfen und wäre niemals Schriftstellerin geworden. Denn für sie bedeutet das Schreiben den Ausdruck ihrer Seele, es kommt aus ihrem Innersten und würde durch eine derart kalte Planung sicherlich zerstört.

Stephen King hat in seinem Buch „Vom Leben und Schreiben“ das Entstehen eines Romans als einen sehr persönlichen Prozess beschrieben. Er vergleicht seine herantastende Methode mit der Arbeit eines Archäologen, der an unerwarteter Stelle ein Fragment entdeckt und durch neugieriges Nachgraben ein komplettes, bislang unbekanntes Wesen aus der Erde befreit. Dabei lässt King seine Protagonisten handeln und lässt sich von ihnen in eine abenteuerliche Geschichte führen. Von Planung und Plotten hingegen hält King wenig, er kokettiert geradezu mit seiner impulsiven Schreibarbeit.

„Vom Leben und Schreiben“ erschien zur Jahrtausendwende, als Stephen King bereits vierzig Bestsellerromane und über hundert Novellen veröffentlicht hatte. King stand zu diesem Zeitpunkt bereits auf dem Gipfel eines Jahrhundertwerks und hatte durch hunderte Erfolge und Niederlagen eine hohe Meisterschaft in seinem Fach erreicht.

Um bei Kings Beispiel zu bleiben: Ein erfahrener Archäologe kann sicherlich aus dem kleinsten Knochensplitter auf einen kompletten Dinosaurier schließen und zielsicher eine Ausgrabung durchführen, die ihm einen

Platz in den größten Museen der Welt sichert. Doch bevor er diese Erfahrungsstufe erreicht, muss der angehende Archäologe erst eine gediegene Ausbildung absolvieren und einen durch viele Niederlagen gepflasterten Weg zurücklegen. Nur jahrelange Übung ermöglicht die Meisterschaft, die dann mit leichter Hand von Erfolg zu Erfolg führt!

Lassen Sie sich nicht entmutigen, wenn Ihr erstes Fragment noch nicht zu einer weltbewegenden Entdeckung führt. Aber lernen Sie aus diesem Versuch, wechseln Sie Ihren Weg, betrachten Sie die Umgebung mit offenen Augen und seien Sie sich einer Tatsache bewusst: Auch ein Meister wie Stephen King konnte den Gipfel nur ersteigen, weil er immer wieder für ein wachsendes Lesepublikum verlässlich unterhaltsame Geschichten in einer scharf abgegrenzten Kulisse mit einem festen Ensemble in einem spannend-mysteriösem Genre lieferte.

Egal, ob Millionärsromanzen, Liebeskomödien, Psychothriller oder Krankheitsbiografien; überall gibt es Nischen, überall begeisterte Leserinnen, überall mehr oder weniger starken Wettbewerb.

In allen Nischen gelten eigene Regeln. Manche sind offenkundig: Bei Fans epischer Fantasy werden Sie einen gewissen Seitenumfang liefern müssen, bei heißen Liebesromanen einen anregenden Buchtitel, bei Thrillern ein beunruhigendes Motiv auf dem Cover.

Der größte Fehler, den Sie als Autor machen können, ist immer der, Ihre Nische nicht zu

kennen und Ihr Buch nicht für die Leser dieser Nische zu schreiben und zu verpacken.

Mit einer guten Wettbewerbsanalyse vermeiden Sie es, Geld für ein unpassendes Cover auszugeben; Sie setzen sich nicht der Gefahr enttäuschter Leser und negativer Rezensionen aus; und Sie maximieren Ihre Chance, genau die Leser zu finden, die Ihr Buch schon immer gesucht haben. Stellen Sie die Wettbewerbsanalyse gar vor das Planen und Schreiben Ihres Buches, sparen Sie eventuell sogar wichtige Lebenszeit für ein erfolgreicheres Projekt!

Die erfolgreichsten Bücher im Shop sind nicht umsonst abgeschlossene Geschichten aus einem eng umrissenen Motiv. Etwa Krimiserien mit den gewohnten Kommissaren in der stets gleichen Umgebung; Liebesromane mit einem immer wieder verwendeten Set von Figuren; Bücher mit sehr ähnlichen Titeln und sehr ähnlichen Covern. Wenn Sie die erfolgreichsten Autoren im Shop betrachten, werden Sie bemerken, wie konsequent hier ein wachsender Leserkreis bedient wird.

SIEBZEHN

Serien

Daniel ist als Verlagsleiter für die elektronischen Editionen seines Hauses verantwortlich. Er weiß, dass man nur für international erfolgreiche Bestsellerautoren einen Preis mehr als sieben Euro aufrufen kann. Als man ihm den neuen, sehr heißen Liebesroman einer US-Autorin vorlegt, hat Daniel die zündende Idee: Anstatt dieses Buch stumpf als ein eBook zu veröffentlichen, könnte man ja die Leser mit einer wöchentlich erscheinenden Serie anfixen! Und damit … Daniel tippt auf dem Taschenrechner … mindestens das Doppelte mit dem gleichen Text verdienen!

Der Roman wird in der Folge in sieben bekömmliche Häppchen aufgeteilt, die jeweils etwa dreißig Seiten Umfang haben. Mit einer kleinen Leseprobe aus anderen Büchern der Autorin lässt sich das leicht auf sechzig Seiten erweitern; 1,99 Euro pro Teil ergibt fast vierzehn Euro für das gesamte Buch! Gleichzeitig steht der Roman sozusagen sieben Mal im Shop, was seine Sichtbarkeit immens vergrößert! Stolz präsentiert Daniel seine Idee der Lektorenkonferenz und erhält Beifall. Die Kollegen sind sich einig: So muss man das am eBookmarkt machen!

Das erste Büchlein verkauft mit einer ausgeklügelten und durchaus teuren Marketingkampagne recht ordentlich, doch schon der zweite Teil bricht regelrecht ein. Die Rezensionen sind erschreckend negativ, die restlichen Teile landen im Nirwana des Shops.

Daniel wendet sich dem nächsten Buchprojekt zu, das diesmal nicht als Serie erscheinen wird.

Hätte Daniel vorher im Shop recherchiert, wäre ihm vielleicht aufgefallen, dass Leserinnen heißer Liebesromane gerne abgeschlossene Geschichten mit einer Lesezeit von etwa drei Stunden lesen, also Bücher mit zweihundert bis maximal zweihundertfünfzig Seiten bevorzugen. Und dass gerade dieses Lesepublikum schnell liest, und auch deshalb keine Lust verspürt, tagelang auf den nächsten Teil zu warten.

Valentina hatte einen beachtenswerten Erfolg mit dem ersten Roman ihrer Fantasyreihe; sie konnte in drei Monaten über fünfhundert Exemplare für Kindle verkaufen und verleihen. Die Rezensionen waren ordentlich, wohlgemut veröffentlichte sie den zweiten Band. Der lief allerdings nicht so gut; in den folgenden drei Monaten gingen nur hundert Exemplare an die Leser, es gab auch nur sehr wenige Bewertungen. Dieser Abwärtstrend setzte sich leider fort. Der dritte Band schaffte es gerade auf achtunddreißig verkaufte Exemplare!

Jetzt sitzt Valentina mit gemischten Gefühlen am vierten und abschließenden Band. Sie hat sich fest vorgenommen, mit dem nächsten Buchprojekt entweder das Genre komplett zu wechseln oder neue Gefilde ihrer Urban Fantasy Welt auszuloten. Aber den vierten Band wird sie noch schreiben. Valentina will das Projekt „zum Abschluss" bringen, auch wenn sie mit dem letzten Band wahrscheinlich nicht mal die Kosten für die Covergestaltung verdienen kann.

Eine Serie zu etablieren, gehört zu den anspruchsvollsten Aufgaben im Buchmarkt. Sollte Ihnen Ihre achthundert Seiten lange Liebesromanze zu lang erscheinen, ist es auf jeden Fall eine schlechte Idee, dieses Werk scheibchenweise zu veröffentlichen – besser wäre es, das Buch auf einen lesefreundlichen Umfang von dreihundert Seiten zu kürzen und als abgeschlossenen Roman zu veröffentlichen.

Das größte Problem bei Serien ist: Manche Leserinnen hassen „Cliffhanger" — vor allem, wenn die Fortsetzung noch nicht erhältlich ist — und sind gerne bereit, das in 1-Stern Rezensionen kundzutun. Wenn man es irgendwie vermeiden kann, sollte man also auf dieses billige Stilmittel verzichten. Weitaus besser funktionieren versteckte Cliffhanger, die parallel zur abgeschlossenen Geschichte den Wunsch der Leserin insgeheim wecken, „mehr" zu lesen.

Die größte Gefahr von Serien ist, dass man ein Fanpublikum aufbaut, das einerseits gierig nach neuen Folgen schreit, auf der anderen Seite aber zu klein ist, um die Schreibarbeit des Autors ausreichend zu finanzieren. Ein Ausstieg ist in diesem Fall schwer, ein Weitermachen genauso. Für den siebten Band einer Serie neue Leser zu finden, ist ein aussichtsloses Unterfangen.

Die größte Herausforderung bei Serien ist, regelmäßig und im gebotenen Umfang Nachschub zu liefern. Sollten sie sich Fans herangezüchtet haben, die alle vierzehn Tage eine neue Folge mit mindestens zweihundert Seiten erwarten, sollten Sie schon mal fürs nächste Jahr ein Zimmer im Sanatorium reservieren. Bedenken Sie, dass gut eingeführte Serien wie „Perry Rhodan" mit einer Redaktion und vielen Autoren arbeiten, die sich beim Schreiben abwechseln.

Lassen Sie die Leserin hingegen zwölf Monate auf den zweiten Band warten, müssen Sie damit rechnen, dass die

Ihre Geschichte bereits vergessen hat. Bewerben Sie einen „ersten Band“ Ihrer Reihe am besten erst, wenn der zweite Band bereits erhältlich ist. Bauen Sie nicht auf ein gutes Gedächtnis Ihres Lesepublikums!

Geld verdienen bei Serien oft nur die Sammelbände, während Einzelfolgen meist nur einmal vermarktbar sind — und zwar in der Zeit, in der die Leserin auf die neue Folge gespannt wartet. Ansonsten muss das Lesepublikum stets aufs Neue auf die Anfangsfolge gelenkt werden, die entsprechend umfangreich, günstig und gut rezensiert sein sollte. Da Sammelbände meist viele Seiten haben, lohnt hier besonders ein Eintrag in die Unlimited Leihe.

Achten Sie speziell bei Serien darauf, nicht mit **übertriebenen Ordnungsdaten** Ihre Titel zu überfrachten. Wenn Sie intern eine Serienfolge mit „3. Teil des 4. Bandes der 2. Staffel“ beschreiben, sollten Sie damit nicht den Titel in eine öde Zahlenwüste verwandeln. Der Titel eines Buches soll Emotionen wecken!

Damit die Leserin Ihre Reihe von jedem Einzeltitel aus gut finden kann, **bietet Amazon KDP eine Serienfunktion an.** Ihre Serie wird dann auf einer eigenen Seite im Shop sehr übersichtlich dargestellt, der Leserin wird sofort klar, welche Folgen sie schon besitzt und welche ihr noch fehlen. Manchmal greift diese Seriendarstellung nicht korrekt; melden Sie das am besten dem Kindle Support. Zwingen Sie Ihre Leserin nicht dazu, die fehlende Folge einer Serie im Shop suchen zu müssen!

ACHTZEHN

Reich werden mit Ratgebern?

Am Anfang einer unheilvollen Entwicklung standen Ratgeber mit verheißungsvollen Titeln: „Passiveinkommen aufbauen mit eBooks“, „Reich werden mit eBooks“ oder „Fürs Alter vorsorgen mit eBooks“. In diesen Ratgebern wurde, aufbauend auf der Erfahrung mit Websites und Google-Ergebnissen, ein sattes Einkommen mit geringst möglichem Arbeitseinsatz versprochen.

Auch Jan will mit eBooks Geld verdienen, am besten mit geringem Aufwand und stabilem „Passiveinkommen“. Leider steht es mit seiner Schreibe nicht so gut – und Zeit hat er auch keine.

Jan recherchiert im Internet und findet heraus, dass gerade für Ratgeber geradezu unermesslich viel Material zu finden ist. Jan analysiert Suchworte bei Google und stellt fest, dass es einige Themen gibt, die gerade „heiß“ sind. Eine ganz spezielle Diät wird oft gesucht, Menschen diskutieren über das Für und Wider von Kryptowährungen und seit Jan nur noch dampft, könnte er auch noch einen „E-Zigaretten“-Ratgeber schreiben … beziehungsweise aus verfügbaren Quellen „zusammenstellen“.

Jan kopiert aus diversen Webseiten drei schmale Bände zusammen, die jeweils etwa zwanzig Seiten Text enthalten, kauft drei „Premade Cover“ für je 9,99 USD und lädt seine Werke bei Kindle hoch.

Nachdem die Bücher wochenlang unverkauft im Shop stehen, verstärkt Jan mutig die Titel seiner Bücher. Es muss doch möglich sein, bei Suchanfragen der Leser ganz oben zu stehen! Den Dampfratgeber nennt er jetzt „Richtig Dampfen E-Zigarette Elektrische Zigarette E-Shisha Rauchen einstellen Rauchen stoppen Rauchen aufhören Schluss mit Rauchen gesünder Rauchen in sieben Tagen der ultimative Ratgeber jetzt zuschlagen und auf den Kaufen-Button klicken!“

Zusätzlich bucht Jan in einer einschlägigen Gruppe bei Facebook dreißig Rezensionen zu zehn Euro pro Stück und liest befriedigt neue Fünfstern-Bewertungen der Sorte: „Endlich ein brauchbarerer Ratgeber zum Dampfen“, „Immer schon wollte ich das Rauchen aufgeben …“ , „dieser Ratgeber wurde mir von einem Freund empfohlen …“ und „durch Zufall habe ich dieses tolle Buch gefunden“.

Doch mehr als ein Verkauf pro Woche will sich nicht einstellen. Jan beginnt nachzurechnen. Wollte er von seiner Schriftstellertätigkeit leben, müsste er wohl tausende solcher Bücher im Shop vorhalten! Vielleicht, denkt sich Jan, sollte er eine andere Geschäftsidee verfolgen.

Was mit einem einzelnen Ratgeber-Titel fast unmöglich ist, kann als Massengeschäft sehr gut funktionieren! Weshalb in diesem Bereich der Ratgeberproduktion auch immer weniger echte Autoren, sondern vor allem knallhart kalkulierende Geschäftsleute zu finden sind.

Eine Entwicklung, die ein ganzes Genre bedroht!

Heribert hat mit einem Partner einen erfolgreichen Shop mit günstig in China eingekauften Elektronikartikeln aufgebaut. Als Amazonhändler verdient er damit gutes Geld, doch dann entdeckt er ein völlig neues Geschäftsfeld: eBook-Ratgeber!

Natürlich geht Heribert die Sache groß an. Hier heißt es klotzen, nicht kleckern!

Schnell ist der Plan aufgestellt: Nicht weniger als tausend Ratgeber-eBooks sollen in zwölf Monaten rausgepresst werden. Bei „machdudas" und „myhammer" werden Autoren rekrutiert, die für Niedriglohn lesbare Texte schreiben; als Honorar wird ein halber Cent pro Wort vereinbart. Bei einer durchschnittlichen Länge von zehntausend Worten pro Ratgeber ergibt das einen überschaubaren Einsatz von 50,- Euro pro Buch, vor allem deutsche Rentner in Übersee verdingen sich gerne für diese Aufgabe. Für die Cover zahlt Heribert nach Verhandlungen mit einem Premade-Anbieter aus Indien vier Euro pro Stück.

Nun kommt Heriberts Geheimwaffe zum Einsatz: Ein Excel-Datenblatt mit zehntausenden von Suchbegriffen, das aus dunklen Quellen zu ihm gefunden hat. So kann er die am häufigsten abgefragten „Keywords" im Kindle Shop ausmachen und seine Ratgeber punktgenau auf die Interessen der Leser erstellen lassen. Auf Basis dieser Keywordliste wird die Fließbandproduktion gestartet.

Bei besonders häufig auftauchenden Suchanfragen multipliziert Heribert seine Ratgeber: Er lässt sie mit Google Translator ins Englische und dann wieder zurück ins Deutsche übersetzen. Dreißig Minuten braucht ein prekär angestellter Germanistikstudent dann, um die schlimmsten Fehler aus diesen Texten zu redigieren – und schon ist auf wundersame Weise ein neues Buch entstanden! Das drückt den Durchschnittspreis eines Ratgebers für Heribert auf unter 25,- Euro.

Ob Kryptowährungen, Low Carb Frühstücksrezepte, Rauchentwöhnung, Psychologie für Anfänger oder Hilfe bei Burnout: Bei Heribert gibt es jetzt für jede Not der Leserin gleich mehrere passende Ratgeber. Mit dreißig zugekauften Rezensionen und einer teuren Werbeaktion unterfüttert, schafft es sein 40-Seiter „Gesund mit mediterraner Küche – Krebsvorsorge Krebs heilen jetzt kaufen und gesund werden" auf Platz eins der Gratischarts … und verkauft in der Folge respektable Mengen!

Heribert gelingt es gar, Starautoren mit einem umfangreichem Gesamtwerk aufzubauen. Die Biografien sind zwar frei erfunden und die Porträtfotos bei Fotolia gekauft, aber wirken sich sehr positiv auf die Verkaufsränge aus!

Allerdings ist die Lebenszeit dieser synthetischen Ratgeber recht kurz: Nach etwa zwölf Monaten wird ein Lösch-Algorithmus von Amazon aktiv und reduziert die Rezensionen dieser Machwerke auf die wenigen 1-Stern Bewertungen enttäuschter Leser. Bis dahin haben diese Bücher aber gutes Geld verdient – Heribert ist sehr zufrieden!

Sie sind Ratgeberautor und haben nach der Lektüre dieser Beispiele die Lust verloren? Trösten Sie sich: es geht sehr vielen Kollegen so. Der Kindle Shop wird mit Fake-Ratgebern geradezu überschwemmt, der Rezensionsbetrug mit gekauften Bewertungen hat 2019 ungeahnte Ausmaße angenommen.

Begonnen hat diese Ratgeberkrise vor einigen Jahren, als findige Berater das Zauberwort „Passiveinkommen" für Kindle entdeckten. Deren „Werde reich mit Kindlebüchern"-Versprechungen begleiteten eine Entwicklung, die dazu führte, dass die Arbeit ernsthafter Experten völlig entwertet wurde.

Tatsächlich wird eine authentische Rezeptsammlung, die mit Kompetenz, Liebe zum Kochen und persönlich aufgebautem Wissen geschrieben wurde, von dem Sumpf tausender Billigstmachwerke und frecher Plagiate schnell verschluckt. Warum selbst entwickeln, wenn man die Rezepte einfach von irgendwelchen Websites klauen kann?

Ist es der Leserin zu verdenken, dass ihr Misstrauen bei selbstpublizierten Ratgebern wächst und sie wieder zu teuren, gedruckten Verlagsausgaben greift?

Die Leserin will Qualität und Authentizität. Es reicht eben nicht, mal eben ein Youtube-Video mit doppelter Geschwindigkeit anzuschauen und einen Wikipediaartikel zu überfliegen, um dann frohgemut einem großen Publikum Rettung vor schweren Krankheiten oder gewaltige Gewinne an der Börse vorzugaukeln. Es reicht nicht, zu einem knackigen Pseudonym einen Lebenslauf zu erfinden und mit gekauften Fotos zu versehen. Da die Google-Bildersuche auch rückwärts funktioniert, können solche Betrugsversuche schnell aufgedeckt werden!

Wer authentisch guten Rat geben will, muss dafür einen Hintergrund nachweisen können. Er muss mit seinem eigenen, guten Namen für diesen guten Rat stehen.

Ulrike ist gelernte Physiotherapeutin und Altenpflegerin. Sie hat aus ihren Erfahrungen einen sechzigseitigen Ratgeber geschrieben, der vielen Menschen wertvolle Hilfe geben kann, wenn es um den Erhalt der Muskelkraft im Alter geht.

Doch Ulrike scheut die Öffentlichkeit – sie denkt sich ein Pseudonym aus, das englisch klingt, kauft ein günstiges Premade Cover und orientiert sich an den Titeln, die sie bei ähnlichen Ratgebern im Shop findet.

Ulrike wundert sich, warum andere Ratgeber es schaffen, so tolle Rezensionen zu erhalten … ihr Buch scheint völlig unbeachtet zu bleiben und verkauft überhaupt nicht.

Leider habe ich in den letzten Monaten vermehrt mit solchen Titeln zu tun gehabt. Die Texte sind wertvoll und könnten vielen Menschen weiterhelfen – doch die Leserin im Shop hat das Vertrauen zu solchen Ratgebern verloren.

So lange sich Ulrike nicht mit ihrer wahren Person,

ihrem Hintergrund und ihrer Expertise hinter ihr Buch stellt, wird sie keine Chance haben. So lange sie anonym, mit Premade Cover und einem verwechselbaren Titel arbeitet, wird sie im Sumpf der Pseudoratgeber verschwinden.

Die Leserin sucht guten Rat – und wird hinterfragen, wem sie ihr Vertrauen schenkt. Zögern Sie also nicht, Ihre eigene Expertise offenzulegen und deutlich zu machen, was Sie als Autor besonders befähigt, in einem bestimmten Bereich als Berater aufzutreten!

Sandra analysiert die Bestsellerlisten im Ratgeberbereich genau. Sie sieht ganz vorne viele Ratgeber zum Thema „Die besten Smoothie Rezepte“; mal sind es die „Sommer-Smoothies“, mal die „25 besten veganen Smoothies“, mal „Grüne Smoothies“ … Sandra erkennt: Hier muss es einen Lesermarkt geben!

Schnell setzt Sandra selbst einen Rezeptband zusammen, sie nennt ihn „Meine besten Sommersmoothies“. Auf Abbildungen im Buch verzichtet sie nach kurzer Suche im Web, weil das den Zeitrahmen sprengen würde; das Cover kauft sie wie Jan als günstiges „Premade“.

Die Suchworte stellen für Sandra kein Problem dar, beim Klappentext orientiert sie sich an den Texten bei erfolgreichen Ratgebern dieses Genres.

Doch eines klappt gar nicht: Der Verkauf des eBooks! Sandra bucht auf Anraten in einer Facebook-Gruppe einen Platz in einem großen Schnäppchenportal und schafft einen ordentlichen ersten Platz in der Kindle Gratis-Bestsellerliste. Tausende Exemplare ihres Buches werden verschenkt.

Doch auch jetzt plätschern die Verkäufe nur, die Kosten für das Cover und die Werbeaktion wird sie kaum hereinbekommen.

Nachdenklich probiert Sandra das Suchwort „Smoothie Rezepte“ aus und erhält knapp sechshundert Ergebnisse … leider steht ihr Buch ziemlich weit hinten in der Liste. Ob etwa dieser Markt längst überfüllt ist?

Eine alte Regel lautet: **Wer nachahmt, muss ein besseres Produkt günstiger als die Konkurrenz anbieten!**

Suchen Sie das Regal „Yoga für Einsteiger"; Sie finden es bei Eingabe des entsprechenden Suchwortes im Kindle Shop. Sehen Sie sich die Titel an, vergleichen Sie die „Kunden kauften auch" Empfehlungen bei den Büchern.

Es gibt Leser, die schnelle und günstige Information suchen; andere verbinden Yoga mit einem spirituellen Lebensweg und erwarten sich eine entsprechend umfangreiche Aufarbeitung. Manche Leser suchen nach den günstigsten Angeboten, manche wollen nur leihen, manche misstrauen eBooks mit Preisen unter drei Euro und suchen gezielt nach Verlagseditionen. Vergleichen Sie Aufbau, Textstimmung, Cover und Umfang dieser Bücher; lesen Sie Klappentexte und Rezensionen – und lernen Sie, gekaufte Rezensionen von echten Lesermeinungen zu unterscheiden.

Auf diese Weise können Sie feststellen, ob und wie Ihr Buch sich in einem solchen Regal bewähren kann. Wie das Cover gestaltet sein muss, was der Titel aussagen muss. Wie Sie Ihre Leser mit dem Klappentext einstimmen und welchen Preis Sie für Ihr Buch verlangen sollten.

Ihre Recherche kann ergeben, dass Ihr Buch für sein Regal nicht fit ist. Hat Ihr Yoga-Buch nur achtzehn Seiten Umfang und keine Fotos, könnte es sehr schwierig werden, dieses Produkt zu verkaufen; die etablierten Bücher dieser Nische warten mit achtzig bis hundertfünfzig Seiten und teils schön fotografierten Übungsschritten auf.

Beurteilen Sie selbst, wie sich Ihr Buch in seinem Wettbewerb schlagen kann. Vielleicht sollten Sie den Text erweitern und Fotos hinzufügen? Vielleicht finden Sie bei den Rezensionen anderer Bücher Hinweise, was den Lesern dort gefehlt hat — und können Ihrem Buch damit einen Wettbewerbsvorteil verschaffen, den Sie im Klappentext anpreisen können!

NEUNZEHN

Goldgrube Erotik?

Als 2012 Nachrichten die Runde machten, die Kindle Bestseller seien zum Großteil pornografisch, setzte Amazon Deutschland kurzerhand den allgemeinen Verkaufsrang aller in der Kategorie „Erotik“ gelisteten Bücher auf Null. Durch diesen einfachen Trick verschwanden alle Sexbücher aus den Top Hundert, ohne die damit verbundenen Umsätze aufs Spiel zu setzen.

Damit entschied Amazon aber auch, dass die Kategorie „Erotik“ die „Schmuddelecke“ bei Kindle ist.

Es ist sehr wichtig, dass Ihnen als Autor die Bedeutung dieser „Schmuddelecke“ klar ist! Sollte Ihre Liebeskomödie eine heiße Liebesszene enthalten, ist es keine gute Idee, Ihrem Buch die Kategorie „Erotik“ umzuhängen. Denn das wirft Ihr Buch mit sofortiger Wirkung aus den allgemeinen Verkaufscharts, verbietet Ihnen eine Bewerbung durch Amazon Advertising und setzt allgemein die Sichtbarkeit und damit die Verkaufschancen Ihres Titels herab.

Die Bestsellerkategorie „Erotik“ im deutschen Kindle Shop bietet maximal einhundert Titeln eine gewisse Sichtbarkeit, hauptsächlich sind das Anfang 2019 Dark Romance Novellen, explizite erotische Liebesromane sowie die einschlägigen Fetisch- und Sexgeschichten mit ihren teils skurril-anzüglichen Titeln.

Für die sehr beliebten heißen Romane aus dem bunten und vielfältigen Spektrum von Bad Boy Romance, Vampiren, Cowboys, Paranormal, Fantasy oder Gestaltwandlern fehlt in diesen abgeschirmten Top Hundert der Platz! Weshalb die entsprechenden Autoren ihre sicherlich sehr sinnlichen Werke nicht mehr in der Kategorie „Erotik“ listen. Auch manche Leserin, die auf der Suche nach prickelnder Unterhaltung ist, dürfte inzwischen einen Bogen um die „Schmuddelecke“ machen.

Sehen Sie sich die Top Hundert in „Erotik“ genau an, und entscheiden Sie selbst, ob Ihr Titel zwischen russischen Erziehungslagern, Mafiafamilien und rohrverlegenden Handwerkern gut aufgehoben ist!

Lange Zeit galt Sex für Kindle als wahre Goldgrube, unzählige „Shorts“ mit maximal zwanzig Seiten Umfang bedienten jeden denkbaren Fetisch des Lesepublikums. Dann stellte Amazon die Berechnung der Leihvergütung um, und der Umsatz der Erotikautoren brach zusammen – eine Kurzgeschichte, die in den guten Zeiten einen Euro erlöste, bringt heute in der Leihe gerade mal ein paar Cent ein. Der Goldrausch ist damit vorbei, doch ein gut auf einen Fetisch abgestimmter Short lässt sich immer noch für 2,99 Euro an den Mann bringen und kann in thematisch abgestimmten Sammelbänden in der Folge auch bei der Leihe punkten.

Der Nischenfetisch, also die klassische, auf ein ganz spezielles Interesse fokussierte „Einhand-Literatur“ mit etwa drei bis fünftausend Worten oder zwanzig bis dreißig

Seiten Umfang, „lebt“ von der Produktsuche. Möchten Sie bei Ihrem Publikum punkten, müssen Sie bei Titel, Cover, Klappentext und den Schlagworten buchstäblich auf dem Drahtseil tanzen. Denn auf der einen Seite versucht Amazon, allzu explizite Inhalte zu verbergen, auf der anderen Seite sucht Ihr anvisiertes Lesepublikum nach genau diesen „verbotenen“ Begriffen — und ist bereit, einen satten Preis für wenige Seiten zu zahlen, sollte der gesuchte Fetisch enthalten sein.

Wie bei allen anderen Genres wird auch in diesen dunklen Ecken ein ganz eigenes Vokabular verwendet. Sie sollten sich also, wenn Sie in einer Erotik-Nische erfolgreich sein wollen, mit dem entsprechenden Sprachschatz der Leser befassen. Ist eine Gespielin in ihrer Geschichte über dreißig Jahre alt, handelt es sich um eine „MILF“. Erfahrene Leser suchen genau nach diesem Begriff, wenn sie eine solche Geschichte lesen wollen. Es kann nötig sein, dass Sie vorab in großen Geschichtenforen wie etwa „Literotica“ nach solchen Begriffen Ausschau halten, um ihr Publikum korrekt zu adressieren. Doch Achtung: Nicht alles ist bei Amazon erlaubt!

Es gibt bei Regelverstößen mehrere Eskalationsstufen. Die erste ist der **„Adult Kerker“**, in den manche Erotikwerke verbannt werden. Das geschieht nach einer gewissen Anzahl von Lesermeldungen oder auf Basis einer automatischen Textanalyse um „verbotene Worte“ im Titel oder im Klappentext wie etwa „Gangbang“, „Inzest“ oder „Porno“. Es kommt auf den Kontext an! Haben Sie Ihr Buch bei „Erotik“ eingeordnet, und kommt im Klappentext der Begriff „Bruder“ vor, könnte das zu einer Abmahnung durch Amazon führen.

Auch zu deutliche Darstellungen auf dem Cover können die Tugendwächter auf den Plan rufen. Ihr Buch wird nach einer solchen Verbannung in keiner Liste mehr präsentiert. Sucht eine Leserin direkt nach dem Titel, wird ihr ein Warnhinweis „kein jugendfreier Inhalt“ angezeigt, den sie erst wegklicken muss. Diese Verbannung wird von Amazon nicht per Mail dokumentiert. Sie werden erst an den plötzlich wegbleibenden Verkäufen feststellen, dass Ihr Werk „eingesperrt“ wurde.

Amazons Richtlinien verbieten grundsätzlich jugendgefährdende Inhalte und Pornografie, was allerdings, betrachtet man das verfügbare Angebot, keine wirkliche Tragweite zu haben scheint. Tatsächlich bewegt sich Amazon hier in einem Grenzbereich zwischen Wirtschaftlichkeit und aktueller gesellschaftlicher Akzeptanz. Solange Produkte Käufer finden, ist erst mal alles gut; wächst der Druck, wird der Ball flach gehalten und erst in letzter Konsequenz aus dem Spiel genommen.

Der Kindergeburtstag nähert sich dem Ende, Sieglinde sitzt noch mit anderen Eltern beim Kaffee, da klingelt das Telefon. Eine freundliche Dame meldet sich auf Englisch direkt aus Seattle, USA. Sie möchte mit Sieglinde über ihre Bücher sprechen. Sieglinde ist peinlich berührt. Denn diese Dame von der zentralen KDP-Autorenbetreuung kennt Sieglindes größtes Geheimnis! Sieglinde verdient sich seit Jahren ein ordentliches Zubrot mit knallharten Sadomaso-Novellen, die sie heimlich schreibt und sehr erfolgreich unter Pseudonym veröffentlicht.

Die Dame am Telefon macht es kurz: Amazon ist aufgefallen, dass Sieglindes Bücher Gewalt und Sex in einer Art beschreiben, die den aktuellen Richtlinien widerspricht. Entweder sie nimmt alle Bücher dieser Art innerhalb einer Woche freiwillig aus dem Verkauf, oder Sieglindes Autorenaccount wird komplett und dauerhaft gelöscht. Da Sieglinde zu den erfolgreichsten Autorinnen ihres Genres gehört, wird sie persönlich kontaktiert. Dieser Anruf ist als letzte Warnung zu werten, unterstreicht die Dame aus Amerika.

Sieglinde ist geschockt und macht sich noch am selben Abend daran, ihre mittlerweile recht umfangreiche Bücherliste zu durchstöbern. Leider enthalten gerade ihre erfolgreichsten Titel ein gerüttelt Maß an „rape and violence"!

Sieglinde entscheidet sich, Cover und Titel aller Bücher zu entschärfen, bestimmte Begriffe aus den Klappentexten zu entfernen und die zwei härtesten Storys bis auf Weiteres aus dem Verkauf zu nehmen.

Damit hat Sieglinde ihre Bücher aus der Schusslinie gebracht. Denn Amazon kontrolliert seine Verwarnungen, Verbannungen und Verbote allein auf Basis von Schlüsselworten. Kommt ein inkriminierter Begriff nicht mehr im Titel oder Klappentext vor, wird das eBook wieder aus dem Index entlassen, egal, was im Textteil dieses Buches geschrieben steht. Erst, wenn weitere Nutzerbeschwerden eintreffen, wird KDP wieder tätig, dann allerdings mit endgültiger Konsequenz.

Sieglinde muss ihre Fans, die auf bestimmte Worte reagieren, sozusagen auf eine neue Sprache einstimmen. Um künftigen Anschwärzungen selbsternannter Moralapostel zu entgehen, fügt sie einen umfangreichen Disclaimer an, der deutlich macht, dass es sich hier um reine Fantasie handelt. Eines ist Sieglinde allerdings klar: Sie hat ein gutes Stück Planungssicherheit verloren und wird in Zukunft neue Wege gehen müssen.

Inna versteht die Welt nicht mehr. Einige Wochen, nachdem sie ihren heißen Liebesroman in der Abteilung „Erotische Romane" veröffentlicht hat, ist die Leseprobe des Buches verschwunden! Inna schreibt an den Kindle Support, der in einer verklausulierten, aus Versatzstücken zusammengesetzten Antwort erahnen lässt, dieses Buch sei als „nicht jugendfrei" erkannt worden und deshalb für die Leseprobe gesperrt.

Inna ist entsetzt. So unzüchtig ist ihr Liebesroman nun auch wieder nicht. Ist ihr Buchtitel zu sexy? Ihr Klappentext zu anzüglich? Inna beginnt eine fruchtlose Diskussion mit dem Kindle Support, die sie die letzten Nerven kostet.

Inna ändert den Titel, lässt ein neues, sehr braves Cover erstellen und schreibt den Klappentext um, der nun auch von Zwölfjährigen gefahrlos gelesen werden kann. Doch der Support lässt sich nicht erweichen, erklärt geduldig, die automatischen Systeme hätten Innas Buch definitiv als nicht jugendfrei erkannt.

Ist Amazon wirklich so prüde? Liest eine verborgene Texterkennungssoftware die Bücher und erkennt jugendgefährdende Szenen? Inna setzt sich an ihren Text und entschärft in tagelanger Arbeit alle heißen Szenen in ihrem Roman.

Da das Buch jetzt rapide an Rang verliert, wechselt Inna die Genres. Sie ordnet ihr Buch bei „Liebesromane" und „Belletristik für Frauen" ein. Als sie einige Wochen später ihr Buch bei Amazon aufruft, sieht sie zu ihrem Erstaunen, dass die Leseprobe wieder da ist.

Es gibt für Buchinhalte kein Texterkennungssystem, zumindest nicht für den deutschen Sprachraum. Amazon löscht in vorauseilender Vorsicht mit einigen Tagen oder Wochen Verzug automatisch alle Leseproben von Büchern, die in „erotische Romane" gelistet sind. Das trifft auf jugendgefährdende Machwerke genauso zu wie auf völlig unschuldige Gedichtbände – es kommt nur auf die Klassifizierung an, die der Autor selbst vorgenommen hat. Ein Großteil der Gay-Literatur, der wegen eines Zuordnungsfehlers bei Amazon bei „Ratgeber für Schwule" landet, ist demgemäß nicht bei „Erotik" eingeordnet und darf seine oft recht explizite Leseprobe behalten.

. . .

Doch was ist überhaupt „jugendgefährdend"? Sicher nicht der heiße Liebesroman, in dem die Protagonisten das tun, von dem jeder Zwölfjährige in Deutschland weiß, dass es zu Nachwuchs führen kann. Romane mit Sexszenen, die auf Zuneigung beruhen, stehen schon seit Jahrzehnten nicht mehr auf dem Index; auch in deutschen Leihbibliotheken kann ein Jugendlicher die „Lady Chatterley" problemlos mitnehmen. Sind die erotischen Szenen sehr explizit dargestellt, sollte ein solches Buch aber besser nur „ab 16" gelesen werden.

Anders ist es bei Geschichten, die das Weltbild von Jugendlichen beschädigen können. Führt in Ihrem Roman pure und brutale Gewalt zum Ziel, dreht sich die ganze Story nur um einseitige Triebbefriedigung und fehlt jegliche Moral, dann ist das eine Lektüre für Leser ab 18 und ein Fall für die Amazon-Polizei. Solche Bücher dürfen in Deutschland nicht öffentlich angeboten werden! Die gesamte „BDSM"-Kategorie fällt in diesen Graubereich, weshalb Autoren dieses Genres auf jeden Fall deutlich machen sollten, dass es sich bei ihrem Roman um Vorgänge handelt, die im gegenseitigen Einverständnis der Protagonisten passieren.

ZWANZIG

Werbung & Marketing

Die wichtigste inhaltliche Werbemaßnahme für ein Buch ist der Titel, der bei der Leserin genau die Emotionen auslöst, die kaufentscheidend sind. **Die wichtigste visuelle Werbemaßnahme** für ein Buch ist die Wahl eines wirkungsvollen Covers, das gut in Ihr Buchregal passt.

Die wichtigste Maßnahme für die Kaufentscheidung ist ein packender, emotionaler und präziser Klappentext.

Bevor Sie also über Bloggertouren, Gewinnspiele, Facebookpostings, Werbekampagnen und Pressearbeit nachdenken, sollten Sie die optimale Verpackung Ihres Buches erledigt haben.

Erfahrungsgemäß (ich habe tausende Buchpromotions und Neueinführungen begleitet) kann diese Verpackungsarbeit an einem Buch nur in zwei Szenarien funktionieren:

Entweder der Autor war sich vor dem Schreiben seines Romans bereits über seine Zielgruppe im

Klaren und hat für eine im passenden Buchregal und beim anvisierten Leserkreis wettbewerbsfähige Produktverpackung gesorgt.

Oder der Autor holt sich professionelle Hilfe.

Zu keinem anderen Zeitpunkt als in der Planungsphase hat man als Autor diesen freien Überblick — während des Schreibens und nach Abschluss eines Buches sieht man oft den Wald vor lauter Bäumen nicht mehr.

Haben Sie einen umfangreichen Roman zu Ende geschrieben, kennen aber das Genre und die Zielgruppe Ihres Buches nicht wirklich — dann holen Sie sich professionelle Hilfe!

Weder Freundeskreis noch Familie können einem Autor das Feedback geben, das er in dieser Situation braucht. Die einzige Ausnahme können heranwachsende Kinder sein, die ihren Eltern den entwaffnenden Hinweis geben, den Erwachsene aus Höflichkeit oder Unkonzentriertheit nicht bringen können oder wollen.

Ich möchte hier auch vor jeglichem Versuch warnen, selbst ein Cover zu entwerfen. Selbst das billigste „Premade Cover“ wird besser sein, als das, was Sie selbst zusammenbasteln können. Gehen Sie in den Kindle-Shop, klicken Sie durch die Top Hundert Bestsellerliste und raten Sie: Welche dieser Cover wurden von Autoren selbst gebastelt? Welche stammen vom „Kindle Cover Creator“? Ich gebe die Antwort schon mal vor: Keine, außer der betreffende Autor ist zufällig selbst ausgebildeter Grafiker.

Hat Ihr Cover keine „Bestsellerqualität“, dann wird es nicht verkaufen. Denn die Leserin kauft nur nach Cover, und in den letzten Jahren hat es gerade in diesem Bereich eine wachsende Professionalisierung der erfahrenen Selfpublisher gegeben.

Gute Anlaufstellen, um interessante Entwürfe und spannende Kontakte zu begabten (und günstigen) Grafikern zu bekommen, sind Websites wie „99designs“ oder das deutsche „designenlassen“.

Haben Sie die drei wichtigsten Werbemaßnahmen für Ihr Buch — Cover, Titel, Klappentext— erledigt, dann sollten Sie nun an der Sichtbarkeit Ihres Produktes im Kindle Shop arbeiten.

Der Start in die „Sichtbarkeit“ im Kindle Shop lässt sich über zwei Wege erreichen: eine **gute Positionierung in der Produktsuche** und über **Werbemaßnahmen innerhalb oder außerhalb des Shops**.

Bei beiden gilt das Ziel, über eine Mindestanzahl von zwanzig bis fünfzig Buchverkäufen an gut passende Leserinnen eines Leserkreises die Empfehlungsmechanik des Shops in die richtige Richtung zu lenken.

Amazon gibt neuen Titeln einen Startbonus; taucht der eigene Titel bei „Neuerscheinungen“ weiter oben auf, dann hat dieser Bonus gegriffen. Es ist zu vermuten, dass dieser „Neuwert“ von Titeln etwa neunzig Tage lang mit sinkender Stärke gilt.

Es scheint also angebracht, Werbeaktionen für einen Titel innerhalb der ersten dreißig Tage erfolgen zu lassen; gründelt ein Titel schon jahrelang in den Tiefen des Shops, ist der Aufwand eines Neustarts wahrscheinlich etwas höher, aber erfahrungsgemäß nicht unmöglich. Wie bereits gesagt: Reagieren Leserinnen positiv auf Cover, Titel und Klappentext, ist Amazon nur allzu gerne bereit, einen Titel mehr Kunden zu zeigen und damit den Rang des Buches ansteigen zu lassen.

Wie weiter oben bereits dargestellt, kann die Empfehlungsmechanik des Shops erst nach erfolgten Käufen und auch nur in einem festgelegten Rhythmus in Gang kommen. Es dauert also nach den ersten Käufen einige Tage, bis im Shop der Rang und schließlich auch die „Kunden kauften auch“ eines Titels angezeigt werden. Sobald das passiert, ist der Zeitpunkt gekommen, ab dem man mit Werbung den Titel erfolgreich anfeuern kann. Werbemaßnahmen, die vor dem Zeitpunkt erfolgen, an dem ein Rang angezeigt wird, gehen ins Leere.

Eine Möglichkeit, die Shopmechanik bereits direkt zum Erscheinen eines Buches aktiv werden zu lassen, ist die von KDP angebotene **Vorbestellung**; Ihr eBook wird, sollten Bestellungen stattgefunden haben, ab Erscheinen Rang und „Kunden kauften auch“ anzeigen. Allerdings zählen die Käufe der letzten Tage nicht für den aktuellen Rang.

Die Vorbestellung bietet sich speziell bei Genres an, bei denen ein hoher Wettbewerb herrscht; der Autor kann so interessierte Leser früh binden und auch einen Titel sichern, bevor andere Autoren aktiv werden. Sollte ein Autor aber den selbst gesetzten Termin nicht einhalten können, reagiert KDP zickig und sperrt diese Funktion für ein Jahr.

EINUNDZWANZIG

Kategorien

Eine korrekte Kategorisierung ist wichtig; aber entgegen diversen Gerüchten trägt das erst mal nicht zum Verkaufserfolg bei. Man gewinnt ja auch nicht beim Marathon, nur weil man sich in die Teilnehmerliste einträgt. Man muss diesen Marathon laufen, und zwar in einer guten Zeit!

Wie ich schon dargelegt habe: Amazon präsentiert Buchempfehlungen an seine Kunden nicht nach Kategorie, sondern nach dem Prinzip „Kunden kauften auch“. Amazon geht bei der Präsentation der Bücher in den „Empfehlungen“ strikt nach dem Kundenverhalten vor, egal, welches Genre der Autor für seinen Titel gewählt hat. Einzige Ausnahme ist hier die Kategorie „Erotik“, die aus naheliegenden Gründen den Shopkunden sehr zurückhaltend präsentiert wird.

Um Ihr Buch in die **zwei erlaubten Kategorien** eintragen zu können, ist meist eine Mail an den KDP-Support nötig, da die Kategoriesysteme von KDP und dem

Shop aus unerfindlichen Gründen nicht kompatibel sind. Orientieren Sie sich bei der Suche nach passenden Kategorien am Kindle Shop selbst, schließlich ist das auch der Ort, wo Ihre Leserinnen zu finden sind. Klicken Sie dazu bei Amazon auf „Kindle eBooks" und finden Sie dort den Link „Kindle eBook Bestseller".

Beachten Sie das Ordnungssystem mit Haupt- und Unterkategorien: Ein Buch, das unter „Viktorianisch" kategorisiert ist, steht gleichzeitig auch in der Abteilung „Historische Romantik" und damit in der Hauptkategorie „Liebesromane". Sie brauchen also in diesem Fall nicht als zweite Kategorie nochmals „Historische Romantik" wählen, da Ihr Buch dort sowieso schon steht!

Bleiben wir bei dem Beispiel der viktorianischen Romanze. Klar, dass für „Die Lady küsst den Lord" die Kategorie „Liebesromane - Historische Romantik - Viktorianisch" gesetzt ist. Klicken Sie auf den zehnten Titel in dieser Unterkategorie – dieses Buch weist im Herbst 2018 einen absoluten Rang von etwa siebenhundert im Kindle Shop aus. Das bedeutet: Um in die Top 10 Bestseller dieses Genres zu gelangen, müssen Sie einen Rang kleiner als siebenhundert im Gesamtranking erreichen.

Klicken Sie jetzt auf „Historische Romantik" und auch dort auf den zehnten Titel. Sie erkennen, dass es hier schon etwas schwieriger wird. Ihre küssende Lady muss mindestens Rang zweihundert im Kindle Shop schaffen, um auch in der übergeordneten Kategorie zu punkten. Noch schwerer ist es in der Hauptkategorie „Liebesromane", wo ein absoluter Rang kleiner als zwanzig nötig sei dürfte, um in die Top 10 zu gelangen.

Um Ihrem Buch eine möglichst hohe Chance auf Sichtbarkeit zu geben, sollten Sie **zwei unterschiedliche Hauptkategorien** wählen. Beim Beispiel „Die Lady küsst den Lord" haben wir mit der Wahl „Viktorianisch" die

Hauptkategorie „Liebesromane“ bereits automatisch belegt. Vielleicht könnte „Belletristik - Historische Romane“ oder „Jugendbücher - Historische Romane“ als zweite Kategorie passen? Beachten Sie auch immer die absoluten Rangpositionen des zehnten Buches in den jeweiligen Unterkategorien. Vielleicht finden Sie eine passende Unterkategorie, wo Sie schon mit einem absoluten Rang von 5.000 in die Top 10 einziehen können?

Hilft es im Verkauf, wenn man in einer Kategorie in den Top 10 sichtbar ist? Klar, wenn diese Kategorie beliebt ist; und wenn man dort über Cover, Titel und Klappentext tatsächlich Leserinnen aktivieren kann. Ob eine Kategorie beliebt ist, sehen Sie, wenn Sie sich die absoluten Rangpositionen der dort angezeigten Titel ansehen.

Um einen „Bestseller“ vorweisen zu können, tragen manche Autoren ihre Titel gerne in versteckte, nicht so überlaufene Kategorien ein; mit einer Gay-Romance bei „Musiknoten“ unter „Zupfinstrumente“ bei „Ukulele“ auf dem ersten Platz zu stehen, ist allerdings ein billiger Erfolg, der kaum kommunizierbar ist und höchstwahrscheinlich zu keinen weiteren Käufen führen wird. Auch wird dieses Buch durch diesen Bestsellererfolg kein oranges „Bestsellerlabel“ erhalten, weil dazu mindestens einhundert Titel in den Top 100 stehen müssen.

Die korrekte Kategorisierung ist eine Vorbereitung auf den Erfolg: Sollten Cover, Titel und Klappentext beim Kunden gut ankommen, dann wird sich das Buch verkaufen, es wird in seinen Kategorien ansteigen, in den Hauptkategorien angezeigt werden, in die „Top 100 Bestseller“ gelangen und dadurch noch sichtbarer werden.

Spätestens in diesem Moment wird sich eine falsche Kategorisierung auswirken. Und zwar negativ für die, die, aus welchen Gründen auch immer, „andere“ Genres gewählt haben. Denn ein Diätratgeber hat bei „Kinderbüchern“ keine Chance, genauso wenig wie ein knalliger Sexroman bei „Belletristik - Dramatik“. Das empfindet die Leserin als Fremdkörper und wird einen weiten Bogen um solche Titel machen.

ZWEIUNDZWANZIG

Die Produktsuche

Der erste Weg zum Lesepublikum ist eine möglichst gute Positionierung in der Produktsuche. Sie können durch die Eingabe von Stichwörtern und mit der Wahl Ihres Titels Ihr Buch „auffindbar" machen.

Die Produktsuche erfordert ein aktives Vorgehen der Leserin, sie muss schließlich selbst ein Wort in der Suchleiste eingeben. Hilfreich für eine erfolgreiche Suche ist hier ein klares Interesse („Low Carb Diät"), ein definiertes Genre („Vampir Liebesroman") oder auch ein spezieller Begriff („Erfurt Krimi"). Triviale Suchworte wie etwa „Bücher" sind offensichtlich beliebt und ergeben umfangreiche Suchergebnisse, helfen uns aber bei der Sichtbarkeit unseres Titels nicht weiter.

Was präsentiert Amazon in den Suchergebnissen? Je spezieller die Suchbegriffe sind, desto exakter präsentiert sich die Ergebnisliste, etwa bei der Suche nach einem Autorennamen oder einem kompletten Titel. Konkurrieren aber viele eBooks um ein Suchwort (zum Beispiel: „Krimi"), dann findet eine „Gewichtung" statt.

Bei der **Gewichtung der Ergebnisliste** berücksichtigt Amazon unter anderem die absolute, aktuelle Verkaufszahl, die aktuelle Rezensionslage, die vom Autor in KDP eingegebenen Begriffe und den Titel des Buches. „Unter anderem“ bedeutet, dass die wahrscheinlich recht komplexe Berechnungsgrundlage für diese Gewichtung geheim gehalten wird. Das ist auch gut so, sonst würden schlaue „Keyword-Spezialisten“ die Listen dominieren, wie das etwa bei der Suchmaschine von Google der Fall ist.

Grundsätzlich kann man vorsichtig prognostizieren: Haben Sie für Ihren Titel in den KDP-Stichworten „Liebeskomödie“ eingetragen, dann wird Ihr Buch bei einer Kundensuche nach „Liebeskomödie“ auf jeden Fall irgendwo zwischen den zigtausend Ergebnissen stehen. Sollte Ihre Liebeskomödie gut verkaufen, wird sie weiter vorne eingereiht. Hat sie gute Rezensionen, gibt auch das einen besseren Platz, steht auch noch „Liebeskomödie“ im Titel des Buches, rutscht Ihr Buch noch einige Plätze nach vorne.

Verkauft ein Titel besser, wenn er in einer oft abgerufenen Liste oben steht? Vielleicht ja! Vielleicht auch nicht, das hängt wie stets vom Cover, vom Titel und in der Folge vom Klappentext ab. Jeder Leserkreis spricht auf bestimmte Bilder, Farben und Worte in seinem Lieblingsgenre an. Bei Fans von Vampirromanen könnten das beispielsweise bestimmte Symbole, düstere Farben und Worte wie „Blut“ oder „Nacht“ sein.

Sie sollten Cover und Titel Ihres Buches auf jeden Fall stets hinterfragen und sich Klappentext und Leseprobe im Vergleich zu besser verkaufenden Büchern in dieser Ergebnisliste ansehen. **Jeder Verkauf an einen zufriedenen Kunden ist Gold wert, denn er lädt die Empfehlungsmaschine im Shop auf und animiert das**

Shopsystem, Ihr Werk allgemein sichtbarer zu präsentieren.

Bei genreübergreifenden Romanen und völlig neuen Ratgeberthemen kann es auch sein, dass überhaupt kein Suchbegriff existiert – die Leserin kann nicht ahnen, dass hier ein neues Leseerlebnis auf sie wartet und sucht dementsprechend auch nicht nach solchen Worten. Fantasy mit ihren oft rätselhaften Namenskreationen hat hier natürlich ebenfalls einen schweren Stand. Auch witzig abgefälschte Schreibweisen von Titeln können die Auffindbarkeit Ihres Buches empfindlich beeinträchtigen.

Die Leserin lernt! Hat sie über eine bestimmte Wortkombination in der Suche einen guten Roman gefunden, wird sie vielleicht wieder nach diesen Worten suchen, wenn sie Lesenachschub braucht. **Genauso lernt Amazon:** Werden Suchworte öfter eingegeben, wird das gespeichert und in der Folge auch anderen Lesern in Form eines „Vorschlages" präsentiert.

Geben Sie „Liebesr …" im Suchfeld bei „Kindle eBooks" ein, und Sie werden feststellen, dass am häufigsten nach „Liebesromane" gesucht wird (Stand: Januar 2020). Etwas seltener wird nach dem einzelnen „Liebesroman" gesucht.

Geben Sie „Liebesromane" plus eine Leerstelle ein. Sie sehen jetzt, welche Kombinationen hier am häufigsten gesucht werden. Arbeiten Sie sich durch das Alphabet: „Liebesroman a" zeigt zum Beispiel an, dass „Liebesroman Anwalt" oder „Liebesroman Arzt" beliebte Keywords sind.

Vermerken Sie hingegen bei Ihrem Südamerika-Liebesroman den Begriff „Liebesroman Bolivien", dann müssen Sie damit rechnen, dass dieses Wort Ihnen keine

Leserinnen zuführen wird – es ist zum jetzigen Zeitpunkt kein „Keyword".

Es empfiehlt sich, solche Recherchen ohne Anmeldung durchzuführen, da Amazon ähnlich wie Google Ihre eigenen Suchvorgänge protokolliert und die Ergebnisse sofort auf Ihre persönlichen Interessen anzupassen versucht.

Keywords kommen und gehen. Es gibt im Suchverhalten der Leserinnen saisonale Einflüsse, es entstehen neue Suchworte, alte verschwinden. Sollte Ihr Roman gut verkauft haben, aber mit der Zeit immer weiter im Nirwana des Shops absinken, könnte das auch damit zu tun haben, dass die von Ihnen bei KDP eingegebenen Stichworte nicht mehr aktuell sind. Es ist also angebracht, regelmäßig die eigenen Suchworte zu überprüfen und gegebenenfalls durch neue Worte auszutauschen.

Stichworte im Klappentext: Da viele schlaue Autoren in den letzten Jahren ihre Klappentexte mit Keywords überladen („stuffed") haben, scheint Amazon jetzt einen Bogen um den Beschreibungstext zu machen. Sorgen Sie lieber für einen Klappentext, der die Leserin motiviert, Ihr Buch zu lesen, als eine dröge Ansammlung von möglichen Suchworten zu präsentieren. Zur Motivation kann natürlich auch gehören, Stichworte abzubilden; die Leserin könnte ja nach Ihrer „Regency Romance" gesucht haben, und im Klappentext nachlesen wollen, ob sie tatsächlich das richtige Buch gefunden hat.

Ein Suchwort muss nicht im Titel enthalten sein – oft passt er dort auch gar nicht hin. Auch **die in der KDP-Oberfläche einzugebenden Stichworte** ergeben Treffer in der Suche. Tragen Sie hier Worte ein, mit denen die passende Leserin Ihr Buch finden sollte – und verwenden die dabei möglichst „Keywords", die von Amazon „autovervollständigt" werden. Was könnte Leserinnen an Ihrem Roman interessieren? Denken Sie auch an Themen („Pharmaindustrie"), Orte („Berlin") oder Rollen („alleinerziehend").

Auf jeden Fall sollten Sie die möglichen **Keywords vor der Veröffentlichung prüfen**. Welche und wie viele Ergebnisse werden angezeigt, wenn man nach diesem Wort sucht? Passt das eigene Buch tatsächlich in diese Liste? Sollten Sie damit erst beginnen, während Sie beim Hochladen des Romans in der KDP-Oberfläche auf die „Stichworte" stoßen, dürften Ihnen Zeit und Nerven fehlen, sich ausgiebig damit zu beschäftigen.

Bedenken Sie stets: Sucht eine Leserin nach „Vampirroman", wird sie in der Ergebnisliste eher auf die Produkte klicken, die sie sich bei ihrer Suche auch erwartet hat. Es kommt also immer auf ein Cover an, das beim Publikum positive Erinnerungen assoziiert. Und auf einen Titel, der einen ersten, präzisen Hinweis auf die Geschichte gibt, die in diesem Buch erzählt wird.

DREIUNDZWANZIG

Der Newsletter

Falls Sie in einem sehr engen Genrebereich immer wieder sehr ähnliche Bücher liefern (was ganz nebenbei dazu führen kann, dass Sie Millionär werden), dann ist ein **eigener E-Mail-Newsletter** die allererste Wahl. Der muss sich natürlich über die Zeit aufbauen – haben Sie als Autor aber irgendwann tausende Adressen begeisterter Leserinnen Ihrer Werke gesammelt, werden Sie jeden neuen Titel in die Charts bringen können. Doch auch hier gilt: Erst wenn weitere Leserinnen dieses Buch „wiedererkennen“, wird dieser Anfangserfolg dauerhaft sein. Weichen Sie mit Ihrem Cover, Titel und Klappentext vom typischen Erscheinungsbild in Ihrem Genre ab, wird Ihr Buch, das über Fankäufe einen guten Rang in der Bestsellerliste erklommen hat, schnell wieder abfallen.

Der Aufbau eines Newsletters unterliegt schon seit Jahren strengen Datenschutzbestimmungen. Jede Mailadresse, die Sie Ihrer Liste zufügen, muss durch ein „Double Opt In“ und unter klar kommunizierten

Regeln erfolgen. Die gesetzlichen Anforderungen durch die Datenschutzgrundverordnung „DSGVO“ sind komplex! Newsletter-Anbieter wie „Mailchimp“ oder „Cleverreach“ ersparen Ihnen hier viel Arbeit, sorgen für eine verlässliche Auslieferung und unterstützen Sie laufend, die Gesetze einzuhalten. Ich möchte ernsthaft davon abraten, Newsletter mit eigener Technik oder „per Hand“ aufzubauen.

Um zusätzliche Fans für den eigenen Newsletter zu gewinnen, kann **eine passende Belohnung** für schnelleres Wachstum sorgen. Hier bietet sich etwa ein eBook an, das Neuabonnenten geschenkt wird. Verpacken Sie Ihr Buch neu, zum Beispiel als „Geschenk für Abonnenten“, fügen Sie eine freundliche Botschaft in Ihr Buch ein und nutzen Sie die automatischen Funktionen, die Ihr Maildistributor wie etwa Mailchimp für solche Willkommensgrüße anbietet.

In Verbindung mit einer Webseite, die als „Landingpage“ die Vorteile des Newsletters und das Geschenk für Abonnenten schön präsentiert, kann das zu guten Wachstumsraten sorgen. Vergessen Sie nicht, Ihren Newsletter überall dort anzupreisen, wo Sie auf potentielle Fans treffen können: in Ihren Büchern, auf Ihrer Facebookseite, Ihrer Webseite …

Der Erfolg von Newslettern misst sich in der „Öffnungsrate“. Die kann absinken, wenn der Inhalt des Newsletters vom Empfänger als irrelevant empfunden wird; oder gar zu einer Kündigung führen, wenn gar zu oft Inhalte transportiert werden, die die Leserin im wahrsten Sinne des Wortes „nicht bestellt“ hat.

Deswegen sollten Sie sogenannte „Cross Marketing

Aktionen“ nur nach sorgfältiger Prüfung in Erwägung ziehen. Solche Aktionen, in denen Autoren wechselseitig Bücher von Kollegen empfehlen, können das Vertrauen der Leser empfindlich beschädigen. **Die Leserin hat Ihren Newsletter bestellt, weil sie Ihr Fan ist! Es gibt keinen wertvolleren Treuebeweis.**

Besonders gefährlich ist bei Newsletterkunden ein Genrewechsel. Haben Sie tausende Chick-Lit Leserinnen aufgebaut und beschicken diese Liste mit einem Military-Zombie Roman, werden Sie erstens nichts verkaufen, zweitens Ihr Publikum vor den Kopf stoßen und drittens immens Vertrauen verlieren. Die Öffnungsrate Ihres Newsletters wird in den Keller fallen und Sie können von vorne beginnen.

Das war jetzt ein sehr plakatives Beispiel, gebe ich zu. Bedenken Sie, dass Ihre Fans vielleicht bestimmte Motive in Ihren Büchern lieben. Lassen Sie es mich feinstofflicher ausdrücken: Die Versuchung, ein saisonal erfolgreicheres Genre zu beliefern, ist natürlich groß. Haben Sie bisher All Age Chick-Lit Komödien geschrieben und stellen fest, dass erotische Dark Romance gerade besser läuft ... dann passen Sie gut auf, Ihre bisherigen Leserinnen nicht zu verprellen.

Leserinnen reagieren sehr feinfühlig auf Veränderungen, besonders bei Settings und Charakteren, die ihnen ans Herz gewachsen sind. Auch Wendungen, Motive und Orte gehören zum Markenkern eines erfolgreichen Autors.

Hier kann es angebracht sein, ganz neu zu starten, denn nichts ist wertvoller als eine etablierte Autorenmarke. Ist das Vertrauen der Leserin einmal angeschlagen, ist es meist nicht wieder zu reparieren.

VIERUNDZWANZIG

Website und Video

In den Anfängen war das Web mit seinen vielfältigen Homepages eine amorphe Masse, deren Inhalt sich kaum erschloss. Dann trat Larry Page mit seiner berühmten Indexierungsformel „PageRank" an und gründete Google. Google schuf mit seinem Index nicht nur eine funktionstüchtige Suchmaschine und förderte damit das rasante Wachstum der Internetnutzer, sondern formte auch das weltweite Webangebot neu. Im Google-Zeitalter geht es um „Keywords" und das sich daraus ergebende „Ranking" von Websites im Wettbewerb um die Beantwortung von Nutzeranfragen bei Google.

Keywords sind die Schlüsselworte, die eine Verbindung von Leserinteressen mit Informationsangeboten ermöglichen. Interessiert sich kein Nutzer für einen Begriff, dann ist dieser auch kein Schlüsselwort und es existiert demgemäß auch kein „Ranking" für eine Website, die einen solchen Begriff präsentiert. Wird ein Suchwort hingegen häufig eingegeben, wetteifern mitunter tausende Anbieter um einen Platz an der Sonne.

Google hat mit seiner Indexierungsmaschine das

Internet lexikalisiert. Mit dem Unterschied zu einem klassischen Lexikon, dass die enthaltenen Begriffe erst dann relevant und sichtbar werden, wenn es auch Menschen gibt, die sich dafür interessieren. Das betrifft vor allem neue und bisher unbekannte Begriffe, zum Beispiel ein neues Pseudonym oder den Titel eines Fantasyromans.

Google ist weltweit führend bei semantischen Funktionen und ontologischen Systemen. Es werden dabei Texte analysiert, Begriffe und Bedeutungen bestimmt und mit Dingen, Orten und Personen verknüpft. Inzwischen weiß das „digitale Hirn“ genau, dass „Liebesroman“ ein allgemeines Genre, „Vom Winde verweht“ ein Buch- und Filmtitel und „Michael Ende“ ein Bestsellerautor sind.

Erfinden Sie ein neues Pseudonym, muss die semantische Maschine erst lernen, dass dieser Begriff ein Buchautor ist — und das tut es erst, wenn es Nachfrage von Nutzern gibt, die Ihr Pseudonym in das Suchfeld von Google eintippen und es damit zum „Keyword“ machen. Google durchsucht daraufhin das Web, findet beispielsweise Buchtitel bei Amazon und kann dann seine Datenbanken um Ihren Autorennamen erweitern.

Ob Ihr Pseudonym bereits ein Keyword ist, können Sie wie im Kindle Shop direkt bei Google erfragen. Geben Sie die ersten Buchstaben Ihres Namens ein. Wenn Google den Begriff automatisch und korrekt vervollständigt, dann sind Sie bereits gesucht worden und damit auch indexiert.

Wundern Sie sich also nicht, wenn Ihre neu erschaffene Website zu Ihrem neuen Autorenpseudonym oder Ihrem einzigartigen Buchtitel keine oder nur sehr wenige Besucher empfängt. „Traffic“, also einen regelmäßigen Besucherstrom, erhalten nur Websites, die tatsächliche Anfragen von Nutzern kompetent beantworten. Google misst diese Kompetenz im Übrigen mit seinen semantischen Funktionen, wobei Wortanzahl, Ähnlichkeit zu bestehenden Texten und inhaltliche Relevanz beachtet werden. Wenn Sie beispielsweise einen Artikel aus Wikipedia umschreiben und als eigenen ausgeben, wird das von Google schnell erkannt und entsprechend abgewertet — hier hat Amazon noch Einiges zu lernen.

Es gibt grundsätzlich drei Gruppen, für die Sie als Autor eine Website bereitstellen sollten: Bestehende Leser, neue Leser und Verlage, die Autoren suchen.

Der wichtigste Ort ist immer **Ihre Autorenseite bei Amazon selbst.** Da die Suchmaschine Google die Internetpräsenz von Amazon.de sehr hoch bewertet, wird Ihre Autorenseite bei Amazon bei einer Suche nach Ihrem Autorennamen auch stets weit oben gelistet werden, also auch entsprechend „Traffic" von Suchenden anziehen.

Pflegen Sie also Ihre Autorenseite bei Amazon gut! Über „Author Central" können Sie Ihre Autorenseite aktualisieren, mit Multimediaelementen aufpeppen und Veranstaltungen ankündigen. Sorgen Sie über „Author Central" auch dafür, dass die Bücherliste, die auf Ihrer Amazon Autorenseite präsentiert wird, vollständig und aktuell ist.

Ebenso sichtbar steht im Web **Ihre Facebookseite**. Sollte der letzte Eintrag von 2011 sein und Ihre Social Media Präsenz ansonsten gähnende Langeweile ausstrahlen, nützt es Ihnen natürlich wenig, wenn sich Besucher auf diese Seite verirren. Auf einer Facebookseite sollten unbedingt die aktuellsten Titel und persönliche Hintergrundinfos zu Ihrem Autorennamen zu finden sein.

Eine eigene Webseite zu betreiben, ist nach dem Datenschutzwirbel um die „DSGVO“ im Mai 2018 in Verruf geraten; viele Autoren haben ihre Websites geschlossen oder bis zur Unkenntlichkeit reduziert. Jetzt hat sich der Staub gelegt, und die großen Anbieter von Website-Baukästen wie etwa „Wordpress“ haben umfangreiche Funktionen hinterlegt, mit denen eine „Datenschutztauglichkeit“ der eigenen Webpräsenz gewährleistet werden kann.

Sollten Sie eine **Landingpage für den Aufbau eines Newsletters** betreiben wollen, ist es unumgänglich, dass Sie sich eine eigene Website zulegen. Wenn tatsächlich ein Mensch bei Google nach Ihrem Autorennamen sucht, ist das bereits ein echter Fan.

Die Leserin hat Ihre Website gefunden? Jetzt sollte alles wie am Schnürchen laufen, denn sie ist jetzt bereit, **Ihr neuestes Buch zu kaufen, sich für den Newsletter einzutragen oder ein Printbuch signieren zu lassen**. Sorgen Sie also dafür, dass diese Funktionen vorhanden und gut erreichbar sind.

Neue Leser finden Ihre Website nicht über Ihren Autorennamen, sondern über einen Suchbegriff.

Sollten Sie stark **„Suchwort getriebene“ Bücher** anbieten, etwa Ratgeber zu einem ganz bestimmten Thema, ist die Beschäftigung mit „Keywords“ unumgänglich. Da Google einzelne Webseiten mit stark themenfokussiertem Inhalt liebt, können Sie mit einer solchen

Webpräsenz den Verkauf Ihrer Bücher allein durch geschicktes Einsetzen von „Keywords" gut antreiben. Dazu müssen Sie Texte und Illustrationen auf ihrer Website anbieten, die Google als relevant für das gewählte Thema ansieht. Für den Websitebaukasten „Wordpress" gibt es eine Vielzahl von Zusatzprogrammen („Plugins"), die sie dabei unterstützen, Ihre Website „SEO-friendly", also optimiert für Suchanfragen, zu gestalten. Schauen Sie sich zum Beispiel das Plugin „Yoast SEO" an, das sie beim keywordoptimierten Schreiben Ihres Artikels sehr gut unterstützt.

Jasper interessiert sich sehr für Technologie, für Astrophysik und die Quantentheorie. Gleichzeitig liest und schreibt er gerne wissenschaftlich anspruchsvolle Science Fiction Romane, bei denen die physikalischen Gesetze des Universums strikt eingehalten werden: „Hard SF". Doch wie kann Jasper Leser für seine Bücher finden? Die Bestsellerlisten sind überlaufen mit Mainstream Science Fiction der Marke „Alien entführt Prinzessin" und „Angriff der Mutanten".

Jasper weiß, dass seine Leser sich für interessante News aus den Bereichen der Astronomie und Physik interessieren — aber selten die Sci-Fi Listen bei Amazon durchforsten. Also legt er eine Wordpress Website im Newsformat an und beginnt, gut ausgearbeitete Nachrichtenbeiträge zu aktuellen Themen zu schreiben. Dabei orientiert er sich an internationalen Fachmagazinen und den Veröffentlichungen anerkannter Institute; und achtet sorgsam darauf, die korrekten Keywords zu setzen. Nach dem zwanzigsten Artikel beginnt die Suchmaschine Google auf Jaspers Seite aufmerksam zu werden, seine Beiträge erscheinen bei Suchanfragen nach dem „neunten Planeten", den aktuellen Marsmissionen und Theorien zur Entstehung von Kometen. Gleichzeitig bewirbt Jasper seinen neuen Hard Science Fiction Roman auf seiner Seite … und kann zufrieden feststellen, dass er nicht nur regelmäßig Bücher verkauft, sondern auch ernsthafte und positiv-kriti-

sche Rezensionen von Lesern erhält, die seine Arbeit zu schätzen wissen!

Nach einigen Jahren hat Jasper einen wohlgefüllten Newsletter aufgebaut, mit dem er tausende SF Fans erreicht … die ihm, das Bonmot sei erlaubt, ein wahrhaft astronomisches Einkommen ermöglichen.

Natürlich eignet sich nicht jedes belletristische Genre für eine suchwortgetriebene Website. Das liegt daran, dass Leserinnen im seltensten Fall auf die Idee kommen, „unterhaltsame Liebeskomödie" bei Google zu suchen, da sie der Kindle Shop ja sowieso schon mit hunderten Tipps aus diesem Genre umwirbt.

Stellen Sie sich die Frage: Für welche Zwecke nutzen Sie selbst die Suchmaschine Google? Bei Jaspers Beispiel wird deutlich, dass die wenigsten Nutzer nach dem Thema „Hard SF" suchen — es sind tatsächlich laut Google nur etwa fünfzig Personen pro Monat in Deutschland. Für das Schicksal des „Marsrovers Opportunity" interessierten sich hingegen im Februar 2019 zehntausende Menschen. Ist Jasper schnell und schreibt gehaltvolle News zu diesem aktuellen Thema, kann er sehr viele Nutzer erreichen, die sich auch für seine Bücher interessieren könnten.

Ob bestimmte Keywords überhaupt existieren und wie viele Menschen sie benutzen, kann auf vielen einschlägigen Websites nachgeprüft werden. Geben Sie beispielsweise „Keyword Planner" bei Google ein und finden Sie Anbieter, die auf verschiedenste Art und Weise die Relevanz und Größenordnung von Suchworten im deutschen Internet darstellen.

Murat hat eine urbane Liebeskomödie geschrieben. Das findet Murats beste Freundin, eine bekannte Youtube-„Influencerin“, super! Gerne präsentiert sie in einem ihrer unterhaltsamen Videos zwischen Beautytipps und Modefarben den Roman ihrer Freundin. Das Video schafft über fünfzigtausend Views! Der Link zum Buch befindet sich in der Videobeschreibung, Murat träumt schon von einem Top Zwanzig Bestseller. Doch es verkaufen sich im Bewerbungszeitraum nur sieben Bücher. Das findet Murat enttäuschend und ihre Freundin, die Videobloggerin, präsentiert lieber doch wieder nur Kosmetika.

Wollen Sie Leserinnen erreichen, die Ihr Buch kaufen, sollten Sie immer an den Stellen werben, wo Sie potentiell auf viele Buchinteressierte stoßen können. Das ist speziell bei Videoplattformen nur sehr begrenzt möglich, da zwischen Büchern und Videos ein tiefer „Medienbruch“ verläuft. Ich habe mehrfach erlebt, dass Videos bis zu 10.000 Views erreichen müssen, um auch nur ein einziges Buch zu verkaufen. Hängt Ihr Buchtrailer nach einem Jahr immer noch bei 320 Abrufen, sind Sie vom ersten Verkauf noch meilenweit entfernt! Bei diesem Beispiel würde es wahrscheinlich dreißig Jahre dauern, bis der Trailer endlich einmal das tut, wofür er produziert wurde.

Ich habe in all den Jahren im eBookmarketing keine Werbeform gefunden, die noch schlechter funktioniert als Buchtrailer. Geben Sie dafür kein Geld aus!

Sind Sie hingegen ein erfolgreicher Videoblogger mit tausenden Abonnenten, dann kann ein sehr gut (!) passendes Buch durchaus verkaufen – beispielsweise ein Kochbuch, wenn Sie Kochvideos präsentieren oder ein Yogabuch, das Ihre beliebte Yoga-Videoreihe perfekt ergänzt.

FÜNFUNDZWANZIG

Amazon Advertising

Eine neue Werbeform ist für Selfpublisher bei KDP ist seit Herbst 2019 die Schaltung von Anzeigenkampagnen über „Amazon Advertising“, also die Bewerbung von eigenen Titeln direkt im Kindle Shop.

Die Werbeanzeigen von „Amazon Advertising“ bestehen aus dem Cover des Buches, dem Titel, dem Autorennamen und der Anzeige der Sterne-Bewertung. Ja! **Das Cover Ihres Buches ist die Werbegrafik im Shop und muss sich gegen andere Titelgrafiken durchsetzen.** Um es noch einmal ganz klar zu sagen: Bei Amazon Advertising verkauft das Cover. Ist Ihr Cover ohne Kontraste, unleserlich und emotionslos, dann sparen Sie sich lieber das Geld für diese Werbung.

Ein großer Vorteil von Amazon Werbeanzeigen ist, dass Sie mit Ihrer Buchwerbung direkt auf Kunden treffen, die bereits in Kauflaune sind – sonst würden sie nicht im Kindle Shop navigieren. Ein weiterer großer Vorteil ist, dass Sie nur für Klicks bezahlen. Interessieren sich Leser nicht für Ihr Buch, dann entstehen Ihnen auch keine Kosten, was ja schon mal ein gewisser Trost ist.

Theo's neuer Lokalkrimi verkauft sich nach einer 99-Cent Werbeaktion über Buchempfehlungsseiten recht stabil für 2,99 €; der Rang schwankt zwischen 2000 und 4000, das eBook ist recht gut mit anderen Lokalkrimis vernetzt und wird immer wieder in den „Kunden kauften auch"-Listen anderer Titel angezeigt.

Nun probiert Theo die Anzeigenschaltung über „Amazon Advertising" aus. Er steigt erst einmal vorsichtig ein, mit drei Euro pro Tag wählt er ein aus seiner Sicht niedriges Budget. Er trägt die sieben Suchbegriffe ein, die er schon für die Veröffentlichung bei KDP gesammelt hat, findet noch einige „Keywords" über die Suchleiste im Kindle Shop und sammelt Titel ähnlicher Bücher und Autorennamen.

Nach drei Tagen ist Theo positiv überrascht! Sein Buch wurde zehntausend mal in der Werbeleiste anderer Titel und bei Suchergebnissen angezeigt, es gab zwanzig Klicks zu einem sehr niedrigen Klickpreis von fünfzehn Cent – und es wurden sechs Bücher verkauft! Obwohl Theo drei Euro pro Tag einsetzen wollte, ergeben die Klicks nur eine Gesamtausgabe von 5 €, und das bei einem Umsatz von 15,- Euro. Theo rechnet aus, dass von dem Umsatz siebzig Prozent an ihn ausgezahlt werden, also etwa zehn Euro.

Fünf Euro Kosten und zehn Euro Gewinn? Eine Goldgrube!

Theo erhöht seinen täglichen Einsatz auf fünfzig Euro … und erwartet sich, dass daraus zweihundertfünfzig Euro Einnahmen pro Tag werden.

Doch die Geldmaschine will nicht anlaufen. Im Gegenteil: Die Klicks werden weniger. Obwohl Theo dem Werbesystem bereitwillig viel mehr Geld anbietet, liefert Amazon stur wenige Klicks zu niedrigen Preisen an! Will Amazon Theos Geld etwa gar nicht?

Amazon hat seine Werbemaschine sehr eng in das eigene

Shopsystem integriert. Ihre Anzeige wird bei anderen Büchern und bei Suchergebnissen in einem eigenen Listenbereich präsentiert; **die Position Ihres Titels hängt dabei vom Such- und Klickverhalten der Leser und Ihrem Gebotspreis für einen Klick ab**. Mit einem hohen Gebotspreis können Sie die Werbemaschine dazu bringen, Ihren Titel „vorne“ zu zeigen. Sind Klicks und Käufe allerdings schlecht, wird Amazon Ihre Werbung abwerten, auch wenn Sie viel Geld bieten: wie stets gilt die Kundenzufriedenheit als höchstes Gut im Shop.

Grundsätzlich finden Sie mit Amazon Werbung Leser, die ähnliche Bücher suchen. Ist Ihr Buch „nicht ähnlich“, wird es weniger verkaufen. Das liegt am Aufbau von Amazon Advertising: Sie geben als Auftraggeber Suchworte („Keywords“) vor, die Amazons Werbemaschine dann bei jeder Kundenanfrage für Ihren Titel berücksichtigt. Werden Suchworte oder Bücher oft angefragt, steigt die potentielle Sichtbarkeit Ihres Titels; buchen Sie selten gesuchte Worte oder tragen Sie die Titel selten verkaufter Bücher als Keywords ein, ist auch die Sichtbarkeit Ihrer Anzeige begrenzt.

Sucht kein Leser nach Ihren Keywords, dann bleibt Ihr Buch unsichtbar, egal, wie viel Geld Sie Amazon bieten.

Das bevorteilt wie stets Mainstream-Titel, die oft gesucht werden, während Nischentitel in der Nische bleiben. Doch auch eine Nische kann gute Verkäufe und treue Leser ergeben. Die Beschäftigung mit den Suchworten für eine Amazon Advertising Kampagne und die Ergebnisse dieser Kampagne können wertvolle Aufschlüsse über Ihre Nische und die Passgenauigkeit Ihres Buches ergeben.

Da es im Suchverhalten der Leser naturgemäß Schwankungen gibt, die von der Jahreszeit, dem Erscheinen neuer Titel von Bestsellerautoren oder allgemein großen Ereignissen abhängen, ist eine stetige Beschäftigung mit den eigenen „Keywords“ anzuraten.

Thorsten will sein schmales Rezeptwerk „Die besten zwanzig Spaghettirezepte“ endlich besser verkaufen! Schließlich hat er für den Ghostwriter und den Covergrafiker einiges Geld hingelegt. Er bucht für neun Euro pro Tag eine Amazon Werbeanzeige mit den Keywords „Nudeln“, „Nudelrezepte“, „Italienische Rezepte“, „Sommerrezepte“ und diversen Rezeptbuchtiteln aus den Top 100 Bestsellern „Kochen & Genießen“. Doch mehr als siebzig Cent werden ihm pro Tag nicht abgebucht, einmal pro Woche verkauft sich sein Buch.

Thorsten überlegt. Wie bekommt er mehr Sichtbarkeit? Vielleicht, indem er angesagte Keywords verwendet? Wie wäre es mit „Millionär Liebesromane“? Oder „Erotik Roman“? Schließlich geht Liebe durch den Magen!

Doch die Klicks bleiben aus, obwohl Thorstens Rezeptbuch jetzt immer wieder mal bei heißen Bestsellertiteln präsentiert wird. Mögen die Leserinnen prickelnder Liebesromane etwa gar nicht kochen?

Nehmen wir an, die Leserin sucht nach speziellen Liebesromanen mit einem megareichen, mächtigen Helden. Sie gibt „Millionär“ im Suchfeld ein und akzeptiert die automatische Erweiterung „Millionär Liebesromane“, weil ihr das besonders passend erscheint. Sie freut sich schon auf anregenden Lesestoff! Nun prangt auf der ersten Position der Ergebnisliste ein „Sponsored“-Titel: „Die besten zwanzig Spaghettirezepte“.

Wollen wir wetten, dass diese Leserin kopfschüttelnd weitersucht?

Mit jeder anderen Werbeform, beispielsweise Facebook

Werbung, Werbung über Buchempfehlungsseiten wie xtme.de oder lesen.net, aber auch klassischer Plakatwerbung oder TV-Spots, können Sie nahezu beliebig viel Geld in Werbeaktionen stecken; mit kunstvoll gestalteten Werbebannern Heerscharen an Lesern in beliebigen Zielgruppen aktivieren und auf Ihren Titel lenken. Nehmen wir einen durchschnittlichen Erfahrungswert von drei bis fünf Euro Werbeeinsatz pro verkauftem Buch, dann können Sie auf diese Weise für 500,- € Werbeetat an einem Tag über die oben genannten Kanäle durchaus mehr als einhundert Bücher verkaufen. **Denn Facebook oder andere Empfehlungsseiten liefern an „Zielgruppen“ aus, nicht an „Keywords“**.

Setzen Sie diese 500,- € bei Amazon Advertising ein, wird Ihr Titel trotzdem nicht öfter angezeigt, als die von Ihnen angegebenen Suchworte hergeben. Zusätzlich verfolgt Amazon die Klickbereitschaft der beworbenen Leser und stuft Ihre Anzeige bei mangelnder Performance ab. Erfolgt beispielsweise nur ein Klick auf Ihre Anzeige, dann wird Ihnen Amazon für diesen Klick vielleicht zwölf Cent verrechnen und sie behalten von Ihrem Werbetat exakt 499,88 € über. **Amazon wird Ihr Geld nicht nehmen, wenn keine Leser klicken – und wird sich nicht darum bemühen, Ihren zur Verfügung gestellten Etat tatsächlich auszugeben.**

Loredana hat nach ihrer glücklichen Niederkunft den lesenswerten Erfahrungsbericht „Abnehmen nach der Schwangerschaft“ geschrieben. Nun bewirbt sie ihr eBook mit Amazon Advertising: sie versucht es über Keywords wie „Abnehmen“, „Diät“, „Abnehmen nach der Schwangerschaft“, „Schwangerschaft“ und so weiter.

Leider „klicken“ die starken Keywords „Diät“ und „Abnehmen“ sehr schlecht, nur „Abnehmen nach der Schwangerschaft“ schlägt sich gut. Dieses Suchwort wird aber sehr, sehr selten eingegeben – nach vier Wochen Laufzeit hat Loredana gerade mal drei Klicks eingesammelt. Loredana wird mit dieser Werbeanzeige etwa ein Buch im Monat verkaufen können.

Wahrscheinlich sind die wenigsten Leserinnen, die im Suchfeld „Diät" eingeben, gerade schwanger; und die, die „Schwangerschaft" eingeben, gerade an einer Diät interessiert. Loredana wird mit ihrem Ratgeber keine Millionen verdienen, auch wenn die Werbung dafür noch so passgenau ist!

Suchworte können klassische Suchanfragen wie „Liebesromane deutsch" oder „Krimi Frankreich" sein; oder bestehende Buchtitel und Autorennamen.

„Liebesromane deutsch" wird täglich sehr oft abgefragt, „Krimi Frankreich" schon viel seltener und „Krimi romantisch Südostschweden" vielleicht nur einmal im Jahr. Haben Sie letzteres Suchwort gebucht, werden Sie also auch nur alle zwölf Monate eine Chance haben, einen Leser zum Klick zu überzeugen; Ihre Werbeausgaben werden bei sieben Cent im Jahr liegen und bei einem durchschnittlichen Kauf pro zehn Klicks werden Sie zehn Jahre auf den ersten Kauf warten müssen.

Schließlich muss Ihr Titel die Leser überzeugen: die Werbegrafik, also Ihr Cover, der Titel des Buches und der Klappentext. Vielleicht wollen Sie Ihren Liebesroman vielen Lesern anbieten, buchen also bei Amazon Advertising das sehr beliebte Keyword „Liebesromane deutsch"? Dann werden Sie ein wettbewerbsfähiges, romantisches Cover, einen emotionsreichen Titel und einen herzbewegenden Klappentext anbieten müssen. Denn klicken wenige Leser auf Ihren Titel, wird Amazon ihn hinten einreihen: **Amazon kennt keinen Mitleidseffekt für Produkte, die seine Kunden nicht ansprechen.**

Genauso ist es, wenn Sie Leser mit einem flotten Cover anziehen, aber dann mit einem drögen Klappentext abstoßen. **Amazon mag keine Produkte mit niedriger Kaufrate!**

Sehen Sie sich deshalb vorher genau Ihr Konkurrenzumfeld im Shop an. Bücher, die von ihrem Cover und ihrem Titel her „Mainstream“ sind, also vielen Lesern „Ähnlichkeit“ signalisieren, sind bei Amazon Werbeanzeigen klar im Vorteil. Sind Sie mit einem täglichen Werbebudget von drei Euro gestartet und sendet Ihnen Amazon nach einigen Tagen eine Mail, dass Sie diesen Wert aufstocken sollten, wissen Sie, dass Sie grundsätzlich auf der richtigen Fährte sind.

Bei Amazon Advertising ist es nötig, sich langsam und beständig an die am besten funktionierende Werbung für den eigenen Titel heranzutasten. Langsam bedeutet, dass allein schon die Freigabe Ihrer Anzeige einen Tag dauern kann und die von Amazon zur Verfügung gestellten Ergebnisse mit etwa einem Tag Verzögerung erscheinen. Beständig heißt, dass oft viele Schritte nötig sind, um eine erfolgreiche Anzeige aufzubauen – und keine Anzeige dauerhaft gut funktioniert. Um erfolgreich mit Amazon Advertising Bücher zu verkaufen, ist es nötig, dass Sie sich um Ihre Anzeigen kümmern müssen!

Der tägliche Werbeeinsatz: Vorsichtig Werbende starten mit dem minimalen Einsatz von einem Euro pro Tag. Ob dieser Euro auch tatsächlich aufgebraucht wird, hängt wie gesagt von Ihrem Titel und Ihren Suchworten ab: eine stark leseroptimierte Mainstream-Romanze kann einen Euro innerhalb von Minuten verbrauchen. Extreme Nischentitel knabbern vielleicht einen Monat lang an diesem einen Euro.

Es empfiehlt sich, für Belletristik mit drei Euro pro Tag zu beginnen und dafür die Laufzeit nicht zu begrenzen. Wichtig ist es, täglich die Werbeleistung zu überprüfen: „klickt" die Anzeige? Ist der Euro schon am Vormittag verbraucht? Wenn beides zutrifft, kann man den täglichen Werbeeinsatz schrittweise erhöhen, bis der optimale Wert erreicht ist.

Indem Sie die KDP-Statistiken im Auge behalten und auf die Werte im Amazon Marketing Dashboard achten, kann auf diese Weise eine gut funktionierende Anzeige entstehen, die regelmäßig Verkäufe bringt, Ihr Buch in den Charts hält und eventuell sogar Geld verdient!

Allerdings: **Keine Anzeige läuft auf ewig gut, denn das Angebot im Shop wächst, ändert und entwickelt sich.** Was gestern „in" war, ist heute vielleicht uninteressant und morgen „Mega-out". Irgendwann wird es also nötig sein, die Anzeige und die Werbegrafik (das Cover) anzupassen oder ganz neu aufzubauen.

Es gelingt Ihnen nicht, mehr Klicks zu erzielen? Der „Einstands-Euro" wird an keinem Tag ausgegeben? Sie können natürlich beliebig viele Anzeigen parallel für Ihren Titel schalten und damit Klicks „erzwingen". Besser ist es allerdings, in so einem Fall an Ihrer Werbegrafik (dem Cover), Ihrem Titel und Klappentext zu arbeiten.

Automatik oder selbst gestaltet? Ist Ihr Titel schon mehrere Monate alt und hatte bereits gute Verkäufe, ist die Amazon-Datenbank im Hintergrund aufgeladen und kann auch „automatisch" ordentlich funktionierende Anzeigen erstellen.

Auch für Ratgeber mit „Keyword-optimierten“ Titeln, Klappentext und sorgsam ausgesuchten Schlüsselworten kann eine automatische Anzeige gut verkaufen.

Ist Ihr belletristisches Werk allerdings neu, enthält der Klappentext keine Schlüsselworte („Vampirroman“) und sind auch die Suchworte bei KDP nicht mit der Amazon Suchdatenbank abgeglichen, kann keine vernünftige „Automatik-Anzeige“ entstehen.

Amazon stellt bei Automatikanzeigen nach einigen Tagen die Suchworte zur Verfügung, über die Kunden zu dieser Anzeige gefunden haben. Allerdings sind nicht alle diese Suchworte für eigene Anzeigen erlaubt („eBook Kindle“ oder „Unlimited“), was deren Wert fraglich erscheinen lässt.

Ich empfehle, eine selbst gestaltete Anzeige zu erstellen, um auch ein Gefühl für die eigene Werbung zu entwickeln. Denn der Umgang mit Keywords und deren Erfolg ist ein Pflasterstein auf dem Weg zum Bestseller im Kindle Shop!

Gebotsstrategien, Platzierungen und Produktausrichtung: Amazon konfrontiert seine Werbenden mit allerhand Fachchinesisch und verfolgt dabei einen nicht immer uneigennützigen Plan. Um es in einen Vergleich zu bringen: Grundsätzlich kann man die Werbung mit Sponsored Products mit Plakatwerbung in einer Stadt vergleichen.

Da gibt es Straßen, auf denen viele kaufwillige Kunden unterwegs sind – etwa eine Einkaufsstraße in der Innenstadt. Hier ist eine gut sichtbare Werbefläche jeden Fall teurer, als weit draußen im verkehrsberuhigten Wohngebiet.

Da wir nicht vorhersagen können, wann die Leserin im Shop welche Suchen tätigt oder welche Titel aufruft, war es bis Mitte 2019 eher Zufall, ob unser Werbeplakat in der Innenstadt, in der Vorstadt oder am Waldrand aufgehängt wird – auch mit niedrigen Geboten konnte man so den einen oder anderen Kauf in einer hoch frequentierten Zone abräumen.

Inzwischen versucht Amazon, diese unterschiedlichen Platzierungen auch unterschiedlich zu bepreisen, beziehungsweise „gute" Platzierungen teurer anzubieten.

Amazon nennt diese Methodik „dynamische Gebote": Wir erlauben damit der Werbemaschine, mehr Geld auszugeben, wenn sie selbst meint, dass ein höheres Gebot angebracht ist. So können aus maßvollen 90 Cent durchaus auch 16,- Euro werden – für einen Klick!

Zuerst einmal die drei oben beschriebenen Werbegebiete in der Diktion von Amazon – sie findet man unter dem Begriff **Platzierung und Gebote für Klicks.** Amazon unterscheidet drei Zonen für Werbeschaltungen bei Sponsored Products:

„Erste Suchergebnisse" bedeutet, dass eine Leserin, die gezielt über eine Suchanfrage nach „Low Carb Diät" sucht, Ihren Ratgeber gleich in den ersten Treffern der Ergebnisliste vorfindet – das entspricht der begehrten Innenstadt-Platzierung.

„Produktseiten" ist die Platzierung bei einem anderen Buchtitel oder weiteren Seiten bei Amazon, etwa der Seite „Könnte Ihnen auch gefallen" nach einem Kauf – das entspricht in unserem Vergleich der Plakatwerbung in der Vorstadt.

„Weitere Suchergebnisse" platziert Ihren Titel weit unten in der Liste – vielleicht auch auf Seite siebenundzwanzig einer Suchanfrage, also sozusagen am Waldrand, wo sich Fuchs und Hase Gute Nacht sagen.

. . .

Die Kampagnengebotsstrategie: Amazon erlaubt grundsätzlich die Wahl zwischen „dynamischen Geboten" („nur senken" und „erhöhen und senken") sowie festen Geboten.

Bei den beiden Optionen für „dynamische Gebote" verändert Amazon Ihr Gebot selbsttätig. Dabei ist „nur senken" die eher vorsichtige Strategie und könnte anderen Werbenden den Vortritt lassen.

Bei „erhöhen und senken" kann die Werbemaschine von Amazon Ihr Angebot um bis zu hundert Prozent erhöhen, wenn die Werbeplatzierung Ihres Titels vielversprechend ist, also „in der Innenstadt" erfolgt – aus Ihren 90 Cent werden in diesem Fall 1,80 Euro. Das ist die risikoreichere Methode; es könnte sein, dass Ihre Kampagne dadurch teurer wird. „Erhöhen und senken" könnte aber auch den entscheidenden Vorteil im Wettlauf um den Werbeplatz ganz oben ergeben.

Bei „festen Geboten" bietet Amazon stets genau den von Ihnen vorgegeben Wert, egal, ob ihre Werbung gerade in der Innenstadt, der Vorstadt oder am Waldrand angezeigt wird – mal ist Ihr Gebot also im Wettbewerb zu niedrig, mal passend, mal zu hoch.

Zusätzlich bietet Amazon noch eine weitere **Gebotsanpassung „nach Platzierung".** Hier können Sie Ihre Ausgaben pro Klick noch einmal kräftig pushen … bis zu 900 % Erhöhung erlaubt die Werbemaschine. Haben Sie oben „erhöhen und senken" angeklickt, um „dynamisch" Gas geben zu können, können Sie hier noch einmal kräftig drauflegen. So werden aus 90 Cent erst mal 1,80 Euro und durch diesen „Zusatzboost" beeindruckende 16,20 Euro.

Da Sie einen festen Betrag pro Tag als Maximalausgabe angeben, kann es nicht passieren, dass Sie durch eine solche „dynamische“ Strategie arm werden – Amazon startet Keywords nicht für die Werbung, wenn der höchste anzunehmende Klickwert Ihr Tagesbudget überschreitet und setzt Kampagnen aus, die den Tageshöchstwert zu überschreiten drohen.

Doch kann es durchaus passieren, dass Ihr Tagesbudget damit ganz dynamisch mit zwei Klicks verbrannt wird und schon ab acht Uhr morgens Ihr Titel nicht mehr in der Werbung steht.

Keywords oder Genre? Amazon bietet die Optionen „Schlüsselwort-Ausrichtung“ und „Produktausrichtung“. Um „Schlüsselworte“ kümmern wir uns weiter unten, hier nur kurz zur „Produktausrichtung“: Sie können Ihren Titel automatisch bei anderen Produkten Ihrer Kategorien bewerben.

Das kann ganz gut funktionieren, wenn Ihre Kategorie im Kindle Shop sauber definiert ist; das ist etwa bei „Regency Romance“ oder „Science Fiction Abenteuer“ durchaus der Fall. Klicken Sie dazu in die Kategorien Ihres Buches, und vergleichen Sie die dort erscheinenden Titel mit Ihrem Produkt.

Bei Kategorien, die von manchen Autoren nur verwendet werden, um bessere Sichtbarkeit zu erzielen, wird es mit dieser automatischen Werbung allerdings schwierig. „Reise und Abenteuer“ ist so ein Bereich, der ein sehr buntes Angebot enthält. Hier der interessierten Leserin zielgerichtet ein passendes Angebot zu machen, dürfte schwierig werden.

. . .

„Schlüsselwort-Ausrichtung“: Amazon Advertising erlaubt die Eingabe von bis zu tausend Suchworten bei einer einzelnen Anzeige. Amazon selbst empfiehlt, möglichst mindestens einhundert dieser Schlüsselworte einzusetzen; vor allem bei Ihren ersten Anzeigen sollten Sie hier gründlich nach Worten recherchieren. Die von Amazon automatisch vorgeschlagenen Suchworte sind teilweise verwendbar. Es ist aber unsinnig, Ihren eigenen Autorennamen oder den Titel Ihres Buches als Suchwort aufzunehmen, da Amazon ja dann sowieso Ihren Titel präsentiert.

Breitgefasst, Phrase oder exakt: Sie können bei jedem Suchwort die Methode festlegen, mit der Amazon dieses Keyword zuordnet. „Breitgefasst“ beziehungsweise „broad“ ist die Grundeinstellung. Nehmen wir das Beispiel „Cornwall Liebesromane“. Hier würde eine Leserin, die „Liebesroman“ eingibt, Ihren Titel zu sehen bekommen, da zumindest ein Wort ungefähr übereinstimmt. Es würde aber auch „Cornwall Thriller“ zu Ihrem Buch führen …

Bei „Phrase“ können die Begriffe vertauscht, müssen aber beide enthalten sein; bei „Exakt“ reagiert das System nur auf Ihre Vorgabe „Cornwall Liebesromane“. Sucht eine Leserin nach „Cornwall Liebesroman“, findet sie Ihr Buch nicht. Die Einstellung „Breitgefasst“ oder „Broad“ ist also etwas ungenau, erspart Ihnen aber, viele Varianten eines Suchbegriffs einzugeben und zu verwalten.

Klassische Suchbegriffe. Wollen Sie einen Krimi bewerben, sollte das erste Suchwort wohl „Krimi“ sein – versetzen Sie sich in eine Leserin, die nach Büchern sucht und Ihres finden soll. Sie können dieses Suchwort leicht überprüfen, indem Sie im Kindle Shop im Suchfeld die Buchstaben „Kri“ eingeben und darauf achten, welche Vorschläge das System macht. Von hier aus hangeln Sie sich weiter: passt „Krimi romantisch“? Oder „Krimi regional“? Sie werden einige Tage nach Start Ihrer Anzeige sehen, welche dieser Suchworte funktionieren und welche nicht, und können dann nachjustieren.

Erfolgreiche Titel und Autoren. Gehen Sie durch die Bestsellerlisten, finden Sie passende „ähnliche“ Bücher und geben Sie Titel und Autorennamen als Suchworte ein. Achten Sie auch auf die „Kunden kauften auch“-Leisten bei diesen Titeln, wo oft weitere ähnliche Bücher angezeigt werden.

Neue Titel und Autoren. Durchstöbern Sie die Neuerscheinungen, finden Sie passende Titel und tragen Sie auch diese in Ihre Liste ein. Diese Bücher sind meist nicht so erfolgreich wie die etablierten Bestseller, dafür haben Sie aber die Chance, bei diesen weniger gefragten Titeln auch bei einem niedrigen Gebot weiter vorne angezeigt zu werden und können auch hier potentielle Fans Ihrer Geschichte finden. Vielleicht wird einer dieser neuen Titel auch zu einem unvorhersehbaren Bestseller? Dann könnte Ihr Buch schnell gute Werbesichtbarkeit erringen!

Schlecht bewertete Titel und Autoren – soll man die lieber weglassen? Nach meiner Erfahrung können Titel, die mit einer schwachen Sternbewertung trotzdem eine gute Rangposition erreicht haben, gute Werbeträger sein: Denn hat eine Leserin ein solches Buch angeklickt und sieht entsetzt die miesen Rezensionen, ist es umso wahrscheinlicher, dass sie einen anderen Titel auf dieser Seite anklickt.

Mit etwas Zeiteinsatz werden Sie auf diese Weise hunderte Suchworte zusammen bekommen. Lassen Sie die Anzeige einige Tage laufen, verfolgen Sie die Leistung Ihrer Keywords, werfen Sie Worte, die klicken, aber nicht verkaufen, raus und fügen Sie eventuell neue Worte hinzu.

Nach einiger Zeit werden Sie die passenden Suchworte für Ihren Titel kennen!

. . .

Der Klickpreis: Amazon empfiehlt bei jedem Suchwort ein Klickpreis-Gebot – der Wert, den Sie für den Klick eines Kunden maximal zu bezahlen bereit sind. Ist ein Suchwort stark umlagert, kann dieser Klickpreis durchaus bei siebzig Cent oder darüber liegen. Bieten Sie in diesem Fall nur zehn Cent, werden andere Titel mit höherer Zahlungsbereitschaft bevorteilt und die umworbenen Leserinnen können Ihr Buch nicht sehen – Ihre Werbung wird wirkungslos. Bieten Sie in diesem Fall siebzig Cent und mehr, muss Ihnen bewusst sein, dass mit der höheren Sichtbarkeit auch Ihre Werbeausgaben steigen können; schließlich kauft nicht jeder, der klickt, auch tatsächlich das Buch.

Sie werden aber trotzdem nicht siebzig Cent für einen Klick bezahlen müssen, da Amazon die Klicks versteigert — Sie bieten maximal siebzig Cent, kriegen aber den „Zuschlag“, also den Klick der Leserin, vielleicht schon bei zehn Cent. Ist aber der Wettbewerb bei dem gewählten Suchwort sehr hoch, kann der Klick teuer werden.

Vielleicht ist Ihnen die Chance, neue Leserinnen in einem umkämpften Buchregal zu gewinnen, aber auch einen höheren Einsatz wert!

Amazon erlaubt es, einen „vorgeschlagenen Klickpreis“ für alle Suchworte zu übernehmen und den dann in der Folge beliebig anzupassen. Erfahrungsgemäß werden Sie sich bei zweihundert und mehr Suchworten wahrscheinlich nur um die Top 10 Ihrer Worte wirklich kümmern müssen.

Amazon liefert die Ergebniszahlen zu Ihren Einstellungen mit etwa einem Tag Verzögerung. Die direkte Auswirkung Ihres Gebotes können Sie aber sehr schnell verfolgen, da Amazon Advertising sofort auf Ihre Änderungen reagiert. Geben Sie zum Beispiel einen Autorennamen oder einen Titel als Keyword an, können Sie direkt im Shop verfolgen, an welcher Stelle unter dem entsprechenden Titel Ihr eigener Titel eingereiht wird. So kann man über ein höheres Gebot die erfolgte Sichtbarkeit direkt verfolgen und schnell justieren.

Zusätzlich stellt Amazon auf Wunsch eine Automatik zur Verfügung, die in der Auktion ein bis zu 50 Prozent höheres Klickpreis-Gebot erlaubt. Das kann Ihrem Titel bei stark umlagerten Suchbegriffen einen kurzzeitigen Vorteil geben, aber ebenfalls die Kosten in die Höhe treiben. Setzen Sie diese „Klick Plus“ Automatik besser nur ein, wenn auch die Kaufkonversion sichtbar gut ist.

Sie haben für den Klick auf Ihre Werbeanzeige einen hohen Wert angegeben, der Titel „klickt“ aber trotzdem nicht? Dafür gibt es zwei mögliche Erklärungen: Sie haben auf ein Suchwort gesetzt, bei dem sich Käufer Ihren Titel nicht erwarten; wählen Sie also besser ein anderes Keyword. Wenn allerdings Keyword und Titel perfekt aufeinander passen, werden Sie sich nach einem anderen Cover umsehen müssen. Denn wenn Ihr Cover in der Liste keine Leserinnen Ihres Genres anzieht, erfüllt es seine primäre Aufgabe nicht: Die Leserin zum Klick zu animieren.

Ihre Werbeanzeige „klickt“ gut, aber verkauft nicht? Dann wirken Ihr Cover und Ihr Titel in diesem Umfeld einladend auf die Leserin … aber die Produktseite mit der Buchbeschreibung scheint ihre Erwartung nicht zu erfüllen. Sie sollten sich in diesem Fall Ihren Klappentext genauer ansehen. Was erwarten sich die Kunden in diesem Buchregal? Wie sind die Klappentexte der Bestseller in Ihrem Genre gestaltet? Was wird der Leserzielgruppe bei erfolgreicheren Titeln versprochen? Werden emotionale oder inhaltliche Informationen transportiert?

. . .

Sören schreibt gut recherchierte historische Spannungsromane; auf sein Fachwissen und die hinter jedem Roman stattfindende, professionelle Recherche ist er besonders stolz. Er hat allerdings auch verstanden, dass geschichtliche Romane mit einer romantischen Entwicklung besser verkaufen. Sein neuer Titel „Die Geliebte des Pharao" beschreibt phantasievoll aber historisch gut untermauert die erwachende Liebe zwischen Nofretete und dem jungen Pharao Echnaton. Das Cover ist in warmen Farben gehalten und zeigt ein Liebespaar in altägyptischer Kleidung vor einer aufgehenden Sonne.

Bei seiner Amazon-Werbekampagne sieht Sören zufrieden, dass täglich hunderte Klicks auf sein Buch stattfinden. Die Keywords „historischer Liebesroman" und „Liebesroman" leiten viele interessierte Käufer auf sein Buch! Leider sind die Käufe selbst sehr bescheiden. Das findet Sören nicht so toll: Die Kosten der Werbung sind hoch, doch am Rang des Buches tut sich fast nichts.

Dabei hat er einen verkaufsstarken Klappentext geschrieben, der auch den letzten Leser überzeugen muss! Daran kann es also nicht liegen. Oder?

„Die Geliebte des Pharao! Intrigen! Falsche Götter! Heimtückische Priester! Die geschichtlich einmalige Einführung des Henotheismus! Lesen Sie jetzt einen exakt recherchierten Roman zu Echnaton, den mächtigen Pharao der 18. Dynastie (1351 - 1334 v. Chr.), der als Amenhotep geboren mit jungen Jahren als Ach-en-Aton den Thron bestieg und in seinem sechsten Regierungsjahr die Kolossalstatuen des Aton-Tempels in Karnak errichtete, womit er den politischen Kurs des Reiches entscheidend änderte und sich die mächtige Priesterschaft Ägyptens zum tödlichen Feind machte …"

Könnte es sein, dass die an romantischen Entwicklungen und heißen Emotionen interessierte Leserin längst das Weite gesucht hat?

Was ist erlaubt und was nicht? Bei „Amazon Marketing Services" werden Bücher noch einmal und sehr streng geprüft. Was im Shop meistens durchgeht (Versalien im

Titel, „aufreizend verhüllte Körper“ auf dem Cover, sowie Preisangaben, Links oder politische Aussagen im Klappentext) wird bei Werbeanzeigen abgelehnt. Bücher, die unter der Rubrik Erotik gelistet sind, sind ebenfalls von der Bewerbung ausgeschlossen.

Geld mit Anzeigen verdienen oder verlieren? Der „ACos“-Wert („Advertising Cost of Sale“) zeigt den finanziellen Erfolg Ihrer Werbeanzeige in Prozent an. Einhundert Prozent bedeutet, dass Sie exakt so viel Geld ausgeben, wie Umsatz über Verkäufe generiert wird. Von diesem Umsatz müssen Sie noch den Anteil abziehen, den Amazon KDP für sich behält: Ihnen bleiben siebzig Prozent bei Preisen von 2,99 bis 9,99 € und fünfunddreißig Prozent bei Preisen unter oder über dieser Spanne.

Bewerben Sie also Ihr Buch zu 2,99 € und erzielen einen „ACos“-Wert von siebzig Prozent, dann haben Sie auf ersten Blick tatsächlich genauso viel ausgegeben wie eingenommen. Überprüfen Sie diese Werte stets mit Ihrem KDP-Dashboard – Amazon Advertising unterscheidet nicht zwischen eBooks und Printausgaben. Und bei Printausgaben sind die Erlöse, die beim Autor bleiben, oft niedriger als siebzig Prozent.

Liegt der „ACos“ hingegen bei zweihundert Prozent, verlieren Sie auf jeden Fall Geld durch die Bewerbung. Sie sollten sich dann Ihre Klickpreis-Gebote genauer ansehen – und Ihren Klappentext. Vielleicht klicken viele Leserinnen gerne auf Ihr Cover, kaufen aber nach Lektüre des Beschreibungstextes lieber doch nicht …

Diese Rechnung ändert sich, wenn Sie Ihren Titel bei Kindle Unlimited angemeldet haben. Mainstreamtitel wie etwa romantische Komödien oder Krimis werden sehr gerne geliehen, Nischentitel oft nur verkauft. Da Amazon

Advertising keine Leihen zählt, berechnet auch der „ACos"-Wert nur Käufe. In den KDP Berichten sehen Sie das Verhältnis von Leihen und Käufen und können Ihre eigene Rechnung machen – bei starken „Unlimited"-Genres kann auch bei einem „ACos" jenseits der hundert Prozent eine Anzeigenkampagne lukrativ sein.

Die Amazon Werbemaschine fühl sich am wohlsten, wenn sie mehrere Titel in einer Kampagne anbieten kann. Legen Sie also für Ihre zehnbändige Krimireihe eine Anzeigengruppe an und ordnen alle Krimis dieser einen Gruppe mit dem gleichen Satz an Keywords zu, scheint die dahinterliegende Werbemaschine am besten ausgelastet zu arbeiten. Natürlich eigenen sich für solche Kampagnen nur untereinander ähnliche Titel, beispielsweise eine Vampirreihe aus abgeschlossenen Romanen oder Krimis mit einem festen Ermittlerteam.

Haben Sie in Ihrem Portfolio allerdings diverse Titel, etwa einen Liebesroman, einen Ratgeber und einen Thriller, dann müssen Sie natürlich einzelne Kampagnen mit unterschiedlichen Keywords schalten.

Nebeneffekte: ist es Ihnen gelungen, Ihr Buch mit Amazon-Werbung immer wieder bei passenden Büchern anzuzeigen und dort auch Verkäufe zu erzielen, wird Ihr Titel eventuell von der Empfehlungsmechanik zusätzlich positiv angetrieben. Das kann dazu führen, dass Ihr Buch beginnt, auch außerhalb der Werbeaktion zu verkaufen, was Sie im KDP-Dashboard nachvollziehen können.

Was Sie nie unterschätzen sollten, sind die „Impressions", also die visuellen Kontakte, die Ihr Titel während einer Werbeaktion verbucht. Auch wenn es nur wenige

Klicks sein sollten, so haben Sie doch mit Ihrem Cover, Ihrem Titel und Autorennamen Leserinnen erreicht. In der klassischen Werbung nennt man diesen Effekt „Imagewerbung“. Sie führt nicht unbedingt zu Käufen, festigt aber mit der Zeit die Erinnerung der Kunden und kann auch später zu einem Kauferfolg führen.

Typischerweise verkauft „Amazon Advertising“ dauerhaft Bücher zu einem geringen Werbepreis. Das hilft, ein Buch in einer Sichtbarkeit zu halten und kann bei hochpreisigen Genres auch konkret Geld verdienen. Beachtenswert ist auch der Umstand, dass durch Amazon Werbeanzeigen „Kunden kauften auch“-Verknüpfungen mit aktuellen Büchern Ihres Regals erzeugt werden können, was die Langlebigkeit Ihres Titels erhöhen kann – wenn Sie fleißig nach neuen Titeln Ausschau halten und die Suchworte laufend aktualisieren.

Einen schnellen Bestseller werden Sie über Amazonwerbung nicht erzeugen können. Die Startwerbung für einen neuen Titel kann mit Advertising-Werbung unterstützt werden; auch Titel, die im Shop gut verkaufen, können mit dieser Werbeform zusätzlich angefeuert werden.

SECHSUNDZWANZIG

Facebookwerbung

Der Aufbau von Fans über eine **Facebook-Seite** kann dauerhaft gute Reichweiten ergeben – wer allerdings schon länger mit Facebook arbeitet, wird bestätigen, dass es mit der Zeit immer schwerer wird, die Fans einer Seite tatsächlich auszuschöpfen. Da Facebook beständig wächst und gleichzeitig kommerzielle Nutzer stärker zur Kasse bitten will, schraubt es an der Verteilmechanik und verringert die „organische Reichweite“ von Postings fortlaufend. Um von vielen Fans gesehen zu werden, muss ein Posting heute viel öfter geliked und geteilt werden, als es noch vor wenigen Jahren der Fall war.

Deshalb ist bei Social Media eine oft zeitintensive Beschäftigung mit den Fans angebracht – wie sich ein guter Gastgeber um die Besucher seiner Party kümmert, so müssen Sie auch Ihre Fans bei Facebook stets bei Laune halten; sonst verlassen die Gäste frühzeitig die Veranstaltung und gehen auf die nächste Party.

Für **bezahlte Facebook-Werbeanzeigen** finden Sie

Fans von Kriminalromanen, Thrillern, Liebesromanen ... schreiben Sie sehr ähnlich wie international bekannte Schriftsteller, kann auch direkte Facebook-Werbung unter Fans dieser Autorennamen gute Wirkung erzielen. Dabei können Kindle Nutzer direkt als Zielgruppe angesprochen werden. „Tolino“ hat es dagegen bisher bei Facebook noch nicht zur „Marke“ oder Werbeschlagwort gebracht.

Sollten Sie Übersetzungen Ihrer Bücher für andere Märkte anbieten, ist Facebookwerbung oft die einzige Wahl, um **Leser anderer Sprachen und Länder** zu aktivieren.

Achten Sie bei jeder Facebookkampagne auf die Einstellung „Sprache“; es empfiehlt sich deswegen stets, bezahlte Anzeigen über den „Werbemanager“ zu gestalten, wo diese Einstellung verfügbar ist. Auch bei Werbung für deutsche eBooks innerhalb Deutschlands sollten Sie diese Spracheinstellung auf „deutsch“ stellen, was die Likes arabisch klingender Namen deutlich reduziert.

Facebook hat wie jedes Social Media Unternehmen eigene Community-Richtlinien. Die gelten für Bilder und Worte gleichermaßen. Sollte Ihr historischer Roman „Der Bastard von Rom“ heißen, wird Ihre Werbung gesperrt werden. Genauso ist es mit eindeutigen „4 Letter Words“ wie dem immer wieder beliebten „Fuck“. Wenn Sie ein solches Wort in Ihren Buchtitel aufnehmen, müssen Sie damit leben, dass Sie für dieses Buch weder auf Facebook noch auf Amazon Werbung schalten können.

Inhalte, die auf **Schlankheit, Ernährungszusätze, Alkohol, Drogen, Waffen oder Nacktheit** schließen lassen, sind ebenfalls von einer Bewerbung ausgeschlossen. Diskussionen mit dem Facebook-Support für Werbetreibende oder dem Team von Amazon Advertising sind in diesen Fällen fruchtlos.

Die Abneigung von Facebook gegenüber Brustwarzen

ist legendär, aber noch lange nicht das Ende der Fahnenstange, was Fotos oder Zeichnungen von Menschen angeht. Beispielsweise ist „angedeutete Nacktheit" genauso verfemt, wie die sehr diffus auslegbare „aufreizende Bekleidung". Facebook kann durchaus auch an der Abbildung einer Frau im Ballkleid Anstoß nehmen, wenn der Ausschnitt nur zu vermuten ist. Nackte Männertorsos können dagegen anstandslos durchgehen.

Sollte Ihr Cover eine Waffe zeigen, dann sollte diese auf keinen Fall auf den Betrachter gerichtet sein; denn das könnte beim Betrachter Furcht auslösen, wie mir der Facebook-Support einmal freundlich mitteilte.

Zu einer ärgerlichen, weil schleichenden Verminderung der Wirksamkeit Ihrer Anzeige bei Facebook trägt die **Verwendung von Schrift auf Ihrer Werbeillustration** bei. Facebook reduziert die Verbreitung von bezahlten Anzeigen, wenn die Automatik Worte auf der Illustration erkennt. Sie sollten deshalb nicht Ihr Cover als Abbildung bei der Werbung verwenden, denn das enthält ja Titel und Autorennamen in schriftlicher Form. Die Facebook-Bilderkennung errechnet den prozentualen Anteil von „Schrift" gegenüber „Bilddarstellung". Je größer der Schriftanteil ist, desto wirkungsloser wird Ihre Werbeanzeige.

Sie wollen gar keine bezahlten Werbeanzeigen für Ihr Buch bei Facebook schalten? Facebook legt Probleme bei der Verbreitung von Postings nur offen, wenn Sie bezahlte Werbung buchen wollen. Posten Sie einen Beitrag ohne Bezahlung ganz normal in Ihrer Timeline oder auf Ihrer Facebookseite, wird Ihr Beitrag stillschweigend in seiner Verbreitung reduziert, sollten „anstößige"

Worte oder eine hinterhältig „aufreizend verhüllte Körperform“ entdeckt werden.

Landingpage oder direkter Link? Wenn Sie für Ihr Buch im Online Shop Werbung bei Facebook schalten, rufen Sie damit interessierte Leser auf, einen Link anzuklicken. Dieser Link kann direkt zur Seite Ihres Buches bei Amazon führen, zu Ihrem Autorenprofil oder zur Übersichtsseite Ihrer Reihe. Bedenken Sie stets, dass die neugierig klickende Leserin vielleicht keine Lust hat, erst noch nach dem Titel zu suchen, der ihr in der Werbung versprochen wurde! Am besten funktioniert zielgerichtete Werbung, die ein Produkt verspricht und dann auch sofort liefert.

Der Einsatz einer „Landingpage“, also einer weiteren Webseite, die zwischen Werbung und der Verkaufsseite Ihres Buches im Shop geschaltet ist, ist immer dann angebracht, wenn Sie den Käufer weiter anheizen wollen, wenn Ihr Produkt erklärungsbedürftig ist oder dem Werbekunden weitere Optionen offen stehen sollen. Weitere Optionen können etwa Links zu unterschiedlichen Plattformen wie Kindle oder Tolino sein, die Sie auf diese Weise mit einer einzigen Werbekampagne unterstützen können.

Landingpages können die Konversion, also das Verhältnis von Klicks zu Käufen Ihres Produktes, entscheidend verbessern. Viele potentielle Kunden lassen sich gerne mit mehr Informationen umwerben, wenn diese denn positiv, persönlich und ehrlich rüberkommen.

SIEBENUNDZWANZIG

Werbung und Kaufkonversion

Werbung über etablierte Buchempfehlungsseiten kann für neue oder für bekannte Autoren gleichermaßen funktionieren. Da die Lesermenge solcher Websites allerdings endlich ist – anders als bei Facebook oder im Amazon Shop selbst – wird es zunehmend nötig, dass ein Autor mehrere Werbewege gleichzeitig beschreitet. Der Vorteil von Buchempfehlungsseiten wie xtme.de oder lesen.net ist, dass Sie als Autor mit einer Werbeschaltung das Vertrauen, das diese Website genießt, nutzen können und damit bessere Kaufraten erzielen, als das etwa mit Facebook-Werbung möglich ist.

Bei allen Werbeformen für eBooks im Kindle Shop ist ein Wert unbedingt zu beachten. Er entscheidet, ob Ihre Werbung dafür sorgt, ob Ihr Buch sichtbarer wird – oder erst recht in die Dunkelheit absinkt.

Sie können mit einer Werbeaktion die Chancen Ihres Buches stark mindern, wenn nicht gar

dauerhaft beschädigen. Dabei geht es um die „Konversion", also um die Kaufrate, die Ihr Buch im Shop erzielt.

Für einen Online-Shop wie den Kindle-Buchladen ist die „Kaufkonversion", die bei einem Titel gemessen wird, ein Indiz für die Kundenzufriedenheit mit diesem Titel.

Schicken Sie also mit entsprechendem Geldeinsatz tausende Facebooknutzer auf Ihr Buch im Shop, aber nur ein sehr geringer Prozentsatz kauft, wird dem Shop diese negative Kundenreaktion nicht verborgen bleiben. Amazon merkt sich, bildlich gesprochen, „dieses Buch kaufen Kunden eher ungern" und wird es in der Folge weniger Kunden als Empfehlung präsentieren.

Typische Kaufraten bei Facebook liegen zwischen Null und zehn Prozent, je nach Passgenauigkeit des Lesepublikums, das Sie erreichen. Da Facebook Sie mit verschiedenen Werten ködert, um höhere Budgets zu erzielen, kann diese Werbung aus Sicht von Facebook gut funktionieren – und gleichzeitig für Ihr Buch schädlich sein.

Ein günstiger „Klickpreis" ist toll – aber wenn die vielen hundert potentiellen Leserinnen das Buch im Shop dann doch nicht kaufen, haben Sie Geld ausgegeben und dabei Ihr Buch negativ beeinflusst.

Hier ist eine durch viele Käufe erreichte Rangposition sehr volatil und hilft Ihrem Buch wenig; es wird umso schneller wieder abstürzen. Viel wichtiger ist das „Aufladen" Ihres

Titels mit einem guten Konversionswert und passenden Leserinnen.

Bei Buchempfehlungs-Websites liegt die Konversion meist zwischen zehn und dreißig Prozent; beim eigenen Newsletter bei passendem Titel oft weit über fünfzig Prozent.

Diese unterschiedlichen Kaufraten entstehen aus dem Vertrauen, das Leserinnen einer Buchempfehlung schenken.

Bei einer bezahlten Facebookwerbung, die unvermittelt im eigenen Stream auftaucht, ist dieses Vertrauen am niedrigsten; bei etablierten Websites wesentlich höher; am höchsten beim Newsletter, den der Fan selbst beim Autor bestellt hat.

Sie können selbst die Konversionsrate Ihrer Werbung messen, indem Sie sich beim Amazon Partnernet anmelden und einen so genannten „Partnerlink" einsetzen. Amazon zeigt Ihnen dann die Klicks, Käufe und die Konversionsrate an. Achten Sie allerdings genau auf die Parternet-Vorgaben, da Amazon manche Werbeformen nicht toleriert – beispielsweise Google-Werbung, die auf Keywords reagiert.

Wie kann man die Kaufkonversion positiv beeinflussen? Erstens natürlich, indem man die Leserin über einen Kanal anspricht, dem sie Vertrauen entgegenbringt. Doch es gibt einige weitere wichtige Dinge, die die Konversion entscheidend stützen können:

Ein Cover, das dem Lesepublikum dieses Genres vertraut erscheint; ein Titel, der ihm signalisiert, beim richtigen Buch angekommen zu sein; ein Klappentext, der ihm bestätigt, dass sein Klick die richtige Wahl war; und nicht zuletzt ein paar Rezensionen, die diesem ausgewählten

Publikum signalisieren: Menschen, die so ticken wie ich, fanden das gut.

Passen diese Buchdetails, wird es immer wahrscheinlicher, dass die Leserin tatsächlich kauft. Das Buch steigt in diesem Fall in den Bestsellerlisten im Shop an und wird immer öfter anderen Leserinnen direkt im Shop empfohlen – falls sie existieren. Genres mit sehr kleinen Käufergruppen können gute Preise durchsetzen, werden aber keine großen Mengen verkaufen und damit in den Bestsellerlisten auch stets nur ein Schattendasein fristen. Diese Titel in kleinen Nischen sind allerdings auch nicht dem dauernden Sturm von Neuerscheinungen ausgesetzt und können über Jahre gute Erlöse kumulieren.

Bücher, die bei Kindle selbst nicht gefragt sind, für die also kein Leserkreis existiert, werden auch durch massive Werbung keine weiteren Käufer im Shop finden und nach einer Werbeaktion sofort wieder abfallen. Sie können das anhand der „Kunden kauften auch"-Leiste kontrollieren. Finden sich bei Ihrem Buch auch nach größten Werbeaktionen völlig unpassende Titel, ist es Ihnen entweder nicht gelungen, in Ihrem Leserkreis anzukommen – oder die erhoffte Leserschaft Ihres Buches existiert einfach nicht.

Der Kindle Shop berechnet seine Bestsellerlisten regelmäßig, in den höheren Positionen stündlich. Dabei wird die relative Platzierung eines Titels im Verhältnis zu den anderen Büchern in Shop erfasst – man kann also in schwachen Verkaufszeiten mit wenigen Verkäufen einen Platz erreichen, der in starken Verkaufszeiten völlig unerreichbar wäre.

Doch der bloße, kurzfristig erreichbare Chartplatz ist nur der allererste Schritt zum Verkaufserfolg im Shop.

Denn eine „Sichtbarkeit“ wird dadurch noch lange nicht erreicht.

Die Kindle-Bestseller zeigen jeweils nur die hundert verkaufsstärksten Bücher in einem Genre an. Sollten Sie einen ersten Platz belegen können, honoriert Amazon das mit einem „Bestselleremblem“ Ihres Titels in allen Listendarstellungen. Das ist auf jeden Fall eine gute Sache. Doch nur wirklich sehr gute Platzierungen helfen im weiteren Verkauf der Bücher.

Sollten sie einen „Top Ten“ Platz im gesamten Kindle Shop erreicht haben, dann kann allein dieser Bestsellerplatz auch als Verkaufsmotor wirken. So werden etwa bei Kindle Geräten und in den Smartphone-Apps die Bestseller prominent präsentiert.

Trotzdem halten sich nur wenige Bücher länger als einige Tage in guten Chartpositionen. Manche fallen schnell wieder ab, nachdem die Fans zugegriffen haben – diesen Büchern ist es offensichtlich nicht gelungen, sich bei weiteren Leserinnen durchzusetzen. Bestseller, die sich monatelang in den Charts halten, scheinen hingegen bei den Produktempfehlungen im Shop immer wieder neue Leserinnen zu überzeugen; sehen Sie sich solche Bücher genau an!

Amazon selbst gibt an, dass die Chartposition von eBooks stündlich im Verhältnis zu den anderen Büchern berechnet wird. Zusätzlich scheint der Shop allerdings auch die Vergangenheit eines eBooks zu beachten. Dabei wird die Performance des Buches in den letzten Tagen und Wochen in die Berechnung mit einbezogen.

Das bedeutet: Verkauft Ihr Buch mindestens einen Monat nichts und legt dann etwa über eine Werbeaktion kurzzeitig kräftig zu, fehlt ein „stabilisierendes Fundament", der erreichte Chartplatz ist volatil und fehlen danach weitere Käufe über interessierte Kunden im Shop, fällt das Buch von einer Stunde auf die andere wieder ab.

Verkauft Ihr Buch mindestens einen Monat lang gut, und hat dann an einem Tag weniger Verkäufe, dann fällt es nicht so stark im Rang, wie es dies eigentlich angesichts der schlechten Zahlen tun sollte.

Dieser Faktor könnte hinzugefügt worden sein, um den Charts im Shop Stabilität zu verleihen. Würde tatsächlich die stündliche Verkaufsleistung angelegt werden, würden die Titel wahrscheinlich auch stündlich Sprünge in den Charts vollführen.

ACHTUNDZWANZIG

99 Cent Aktionen

Amazon führte die „99 Cent Aktion“ selbst bereits 2012 mit dem „Kindle Deal“ ein. Selfpublisher sprangen notgedrungen auf den Zug auf, denn diese „99 Cent Schnäppchen“ wurden von den Kindle Kunden aus naheliegenden Gründen schnell und gerne akzeptiert.

Seither werden die Kindle Bestseller speziell der umsatzstarken Genres von Leihtiteln und 99 Cent Angeboten von Bestsellerautoren dominiert.

Vor allem in den ersten Wochen nach Veröffentlichung eines Buches kommt es darauf an, möglichst viele Fans eines Genres zum Kauf zu überzeugen, um die Empfehlungsmechanik im Shop mit aktuellen Titeln aufzuladen und für kaufstarke „Kunden kauften auch“ Verknüpfungen mit dem eigenen Buch zu sorgen.

Rufen Sie die Kindle Bestseller im Amazon Shop auf und klicken Sie sich durch die Top 10. Sie werden Titel finden, die durch die „Prime Leihe“ von Amazon selbst kurzzeitig nach oben getrieben werden; Titel von „Amazon Publishing“, dem Eigenverlag von Amazon (Montlake, „M Edition“, „Tinte & Feder“ und „47North“), die durch gezielte Werbung über eigene Amazon-Kanäle Bestseller werden; vereinzelte Vollpreistitel von bekannten Bestsellerautoren, die meistens mit einem 99 Cent Angebot gestartet sind; und 99 Cent Schnäppchen.

Man kann die Autoren, die es aus eigener Kraft im Kindle Shop mit einem Preis von 3,99 Euro in die Top 20 schaffen, an den Fingern einer Hand abzählen. Sie sind seit Jahren etabliert, liefern verlässlich Qualität in einem sehr streng umgrenzten Genre und haben damit erfolgreich ein eigenes Lesepublikum aufgebaut.

Diese Autoren haben allesamt mit Gratisaktionen begonnen, haben 99 Cent Schnäppchen veröffentlicht und über die Jahre viel Werbung für ihre Titel geschaltet.

Sollten Sie den Bekanntheitsgrad dieser Autoren noch nicht erreicht haben, wird Ihnen nichts übrig bleiben, als den gleichen beschwerlichen Weg zu gehen: Der Aufstieg zum Erfolg ist steil!

Bevor Sie den Startpreis Ihres Buches festlegen, sollten Sie sich die Bestsellerlisten Ihres Genres genau ansehen. Wie viele neue Titel erscheinen im Monat? Welche Preise ist Ihr Lesepublikum gewohnt zu zahlen?

Die Grundregel lautet: Die Leserin entscheidet über den Wert eines Buches. Erscheint es der Leserin als zu teuer, wird sie es nicht kaufen. Leider überträgt sich das persönliche Preisgefühl des Autors nie auf das Lesepublikum! Wenn Sie Ihre leichte Liebeskomödie als noch unbekannter Selfpublisher zu 4,99 Euro verkaufen wollen, werden Sie kein Glück haben. Denn in diesem Buchregal wird die Leserin seit Jahren mit Schnäppchenpreisen umworben. Sie ist schlichtweg daran gewöhnt, neue Titel entweder gratis zu leihen oder für 99 Cent zu kaufen. Hat ein Buch sich in diesem Umfeld bewährt und auch noch gute Rezensionen eingefahren, sind weitere Leserinnen gerne bereit, auch 2,99 Euro auf den Tisch zu legen.

Konrad hat seinen Thriller bei KDP hochgeladen. Um schnell Leser zu gewinnen, setzt er den Preis auf 99 Cent, weswegen er die „35 % Option" wählen muss. Sein Verdienst pro Verkauf ist dadurch geradezu lächerlich gering! Deswegen will Konrad seinen Thriller auch nur maximal drei Tage lang als Schnäppchen anbieten. Er schreibt als erste Zeile in den Klappentext: „Nur drei Tage! 99 Cent statt 3,99 Euro! Jetzt zugreifen!"

Konrad harrt der Dinge. Nach drei Tagen weiß er: 99 Cent Schnäppchen bringen nichts. Es gab keinen einzigen Verkauf! Er setzt den Preis wieder hoch.

Natürlich nützt es gar nichts, ein Buch zu rabattieren, und niemanden davon in Kenntnis zu setzen. Der Einzige, der hier eventuell reagiert, ist Amazon selbst, denn es ist untersagt, Preise im Klappentext zu nennen. Sollte Konrad vergessen, seinen Klappentext zu korrigieren, steht dann nämlich ein falscher Preis bei diesem Produkt. Darauf reagiert ein Online-Shop gnadenlos und nimmt dieses Produkt aus dem Verkauf.

Da inzwischen sehr viele neue Titel erscheinen, ist es sehr unwahrscheinlich, dass Leserinnen ausgerechnet Ihr Buch anklicken und es als Schnäppchen erkennen. Sie werden also Ihr Produkt bewerben müssen.

Sollte eine Bewerbung fruchten und sich tatsächlich Käufe ergeben, dann sollten Sie die „Kunden kauften auch“ Leiste bei Ihrem Buch gut im Auge behalten. Sie beschreibt das Buchregal, in das der Shop Sie aufgrund der kaufenden Leser einordnet.

Finden sich in dieser Liste passende Titel aus dem gleichen Genre, dann verfolgen Sie auch bei diesen Titeln die „Kunden kauften auch“ Leiste. Wird Ihr Buch bei verkaufsstärkeren, ähnlichen Titeln gut sichtbar angezeigt? Gratulation! Dann haben Sie Ihr Lesepublikum gefunden. Jetzt kommt es darauf an, dass diese Leser mit Ihrem Buch auch wirklich glücklich sind. Kommen gute Rezensionen, haben Sie alles richtig gemacht.

Voraussichtlich wird Ihr Buch jetzt immer mehr Leser finden. Vergleichen Sie die Preise der Bücher in Ihrem Buchregal: Sehen Sie hier viele Neuerscheinungen und 99 Cent Preise, befinden Sie sich auf einer Welle, mit der Sie weit nach oben surfen können. Bleiben Sie dann beim Schnäppchenpreis, um weiterhin viele Leser zu gewinnen und die Sichtbarkeit Ihres Buches im Shop zu stärken.

Sigmar ist außer sich vor Freude: Sein Krimi hat es mit einer 99 Cent Aktion bis in die Top 100 des Kindle Shops geschafft! Schnell erhöht er den Preis auf 3,99 €, um möglichst viel Gewinn aus dieser Aktion holen zu können – schließlich wollen auch die Werbeausgaben bezahlt sein. Doch Sigmars Krimi fällt jetzt täglich ab, schon nach drei Tagen liegt er jenseits von Rang 5.000.

Schnell setzt Sigmar sein Buch wieder auf 99 Cent, doch das „Momentum“ für sein Werk scheint vorbei zu sein, der Rang erholt sich nicht mehr.

Vergleichen Sie stets Ihre „Kunden kauften auch“-Titel! Befinden Sie sich in der Umgebung vieler Aktionstitel, haben Sie mit einem Preis von 3,99 € einen Wettbewerbsnachteil gegenüber Ihrer Konkurrenz – die Leserinnen sehen vergleichbare Bücher, und wer soll ihnen nachsehen, dass sie zu den Schnäppchen greifen?

Bücher, die durch viele Käufe auch eine hohe Sichtbarkeit im Shop erreichen, haben einen klaren Vorteil gegenüber Titeln, die weniger Verknüpfungen aufweisen können. Hier zählt die Laufzeit Ihres Buches, nicht der kurzfristige Gewinn in den ersten Tagen. Vergleiche ich den Jahresverdienst von eBooks, dann bringen die Titel, die mit lang anhaltenden Schnäppchenaktionen sehr viele „Kunden kauften auch"-Verbindungen erzielen konnten, weitaus mehr Gewinn als Bücher, die nach einem kurzen Erfolg mit einem vergleichsweise hohen Preis wieder in den Keller rutschten.

Ich begleite laufend viele Schnäppchenaktionen im Kindle Shop. Manche Top 10 Bestseller mussten neunzig Tage und mehr auf der 99-Cent Erfolgswelle balancieren, um bis ganz nach oben zu kommen!

Werden bei Ihrem Titel viele tolle Bestseller in den „Kunden kauften auch" angezeigt, aber Ihr Buch rangiert trotzdem ganz hinten? Dann sollten Sie sich dringend mit Ihrem Cover, dem Titel und dem Klappentext auseinandersetzen. Vielleicht klicken die Leserinnen nicht auf Ihr Cover? Vielleicht klicken sie, kaufen aber nach Lektüre Ihrer Beschreibung nicht?

Vielleicht haben Sie aber auch alles richtig gemacht, aber den richtigen Zeitpunkt versäumt, an dem Ihr Lesepublikum neue Bücher erwartet. Viele Genres haben bestimmte Veröffentlichungsrhythmen. Die können Sie durch laufende Beobachtung und durch den Vergleich der Veröffentlichungsdaten bei Bestsellern Ihres Genres leicht herausfinden. Oft ist es angebracht, möglichst zeitgleich mit lange erwarteten Neuerscheinungen zu starten. Vergleichen Sie die Neuerscheinungen Ihres Genres, betrachten Sie die „Kunden kauften auch“ Listen und vergessen Sie nie, einen Blick auf die Rezensionen zu werfen, um zu lernen, wie Ihr Buchregal funktioniert.

Setzt sich während einer Werbeaktion die „Kunden kauften auch“ Liste Ihres Buches aus unpassenden Titeln diverser Genres zusammen? Natürlich spielt hier das Cover immer eine große Rolle. Kann die Leserin Ihr Buch nicht einordnen, kann es auch der Shop nicht. Sollten aber vermehrt Titel eines einzigen, aber unpassenden Genres bei Ihrem Buch auftauchen — etwa Sexbücher bei Ihrem All Age Krimi — dann haben Sie wahrscheinlich an falscher Stelle geworben und damit ein unpassendes Zielpublikum aktiviert.

NEUNUNDZWANZIG

Gratisaktionen

Veronika hat sich von Autorenkolleginnen überzeugen lassen: Da ihre bereits über zwanzig Romane im Kindle Shop nur sehr geringe Sichtbarkeit und Verkäufe aufweisen, wird sie an diesem Wochenende eine Gratisaktion durchführen. Jetzt sitzt Veronika vor ihrer Bücherliste im KDP-Portal und überlegt. Welchen Titel soll sie nehmen?

Den Titel mit den guten Rezensionen sicher nicht. Der ist viel zu schade fürs Verschenken! Veronika wählt das Buch mit dem geringsten Seitenumfang und den miesesten Bewertungen für ihre Werbeaktion aus. Einem geschenkten Gaul schaut man schließlich nicht ins Maul! Denkt sich Veronika.

Ob das die Leserin auch so sieht?

Kindle bietet für eBooks, die im „Select"-Programm eingetragen sind, als Sonderwerbeform die **„Gratisaktion"** an, die maximal fünf Tage dauern kann.

Da in der Vergangenheit die Sichtbarkeit über Verknüpfungen bei solchen Gratisaktionen allzu stark war, reduzierte Amazon die Wirksamkeit dieser Werbeform.

Die Empfehlungsmechanik wertet ein verschenktes Exemplar nicht wie einen klassischen Kauf. Sie müssen etwa dreißig eBooks verschenken, um den gleichen Effekt wie einen einzigen echten Verkauf zu erzielen.

Das klingt allerdings auch nicht schlecht – wie bereits dargestellt, reichen ja zwanzig bis fünfzig Verkaufte, um Sichtbarkeit im Shop zu erzielen. Mit fünfzehnhundert Verschenkten sollte das zu machen sein.

Doch es müssen fünfzehnhundert beim richtigen Publikum sein! Die wahre Kunst bei Gratisaktionen ist also, die passenden Leserinnen zu erwischen.

In der letzten Zeit gibt es immer mehr Anbieter, die eine Top Eins Platzierung in den Gratischarts versprechen und wie auch immer mit jedem beliebigen Titel diese Downloadmenge auch schaffen. Dazu gehören ganz allgemeine Schnäppchenportale und Buch-Apps. Doch finden Sie dort genau die Leserinnen, die Sie für Ihren Roman oder Ratgeber brauchen?

Der recht diffuse Leserkreis „ich nehme alles, Hauptsache gratis", der sich heute einen Krimisammelband, morgen ein Kochbuch und übermorgen eine Gedichtsammlung lädt, ist keine gute Grundlage für Folgekäufe. Beachten Sie bei eBooks, die über solche Anbieter verbreitet werden, die „Kunden kauften auch"-Leisten. Dann werden Sie bemerken, dass diese Lesermenge nichts anderes tut, als immer genau diese Gratisangebote zu nutzen.

Folgen Sie hier der Logik des Amazon Shops: Wenn ein Buch auf zufriedene Leserinnen stößt, wird es weiteren Leserinnen dieses Leserkreises empfohlen. Für einen Krimi brauchen Sie ein Publikum, das tatsächlich gerne Krimis liest und aktuelle Krimis kauft!

Das Ziel muss also auch für Gratisaktionen lauten: Finden und überzeugen Sie Ihr Publikum! Was auch bedeutet, dass Sie bei einer solchen Werbemaßnahme einen Titel verschenken sollten, der wirklich gut ist und bei der Leserin den Wunsch weckt, weitere Bücher aus Ihrer Schreibe zu lesen.

Redaktionell stringent aufgebaute Buchempfehlungseiten wie xtme.de oder lesen.net helfen ihren Lesern bei der Orientierung und können einen Gratiskrimi auch tatsächlich an Krimiinteressierte vermitteln. Auch eine Facebook-Werbeanzeige kann hier für relevante Leserkontakte sorgen.

Leider funktioniert die Methode „bei tausend Downloads muss es doch auch ein paar Treffer geben" nicht. Denn die Amazon Empfehlungsmechanik protokolliert auch bei einer Gratisaktion eisern alle „Käufe", reduziert das Ergebnis und ermittelt dann die anzusprechenden Leserkreise – wie stets, ohne Genre und Inhalt Ihres Buches zu beachten.

Sorgen Sie also auch bei Gratisaktionen für eine korrekte Kategorisierung, für ein passendes und ansprechendes Cover, einen präzisen Titel und einen motivierenden Klappentext, der deutlich macht, um was für ein Buch es sich tatsächlich handelt.

Ihr Buch bleibt auch bei einer Gratisaktion wie Blei im Regal liegen? Vielleicht konnte die Leserin Ihren Titel gar nicht finden – es sind stets etwa 50.000 eBooks bei Amazon gratis zu haben. Es gibt allerdings auch Werke, die dermaßen laienhaft gestaltet sind, dass keine Leserin sich ihrer erbarmen wird. Manche Bücher, das will ich hier mal ganz deutlich sagen, will man nicht mal umsonst haben. Dazu gehören etwa eBooks, die mit dem „Kindle Cover Creator" verunziert sind, bei denen der erste Rechtschreibfehler schon im Titel prangt und wo der Klappentext eine grausame Schreibqualität verheißt.

Wann ist eine Gratisaktion überhaupt angebracht? Haben Sie beispielsweise eine Reihe geschrieben, dann kann es durchaus sinnvoll sein, einen ersten Teil zu verschenken, um zahlende Leser für den zweiten Teil zu gewinnen. Natürlich macht es wenig Sinn, einen „ersten Band“ zu verschenken, wenn der zweite noch nicht veröffentlicht ist.

Genauso verhält es sich, wenn Sie viele einander ähnliche Titel eines Genres im Shop vorhalten, die über die „Kunden kauften auch“ Leiste in erster Linie untereinander verknüpft sind. Sinken in diesem Falle die Käufe Ihres gesamten Inventars ab, dann sollten Sie diesen Teufelskreis durchbrechen. Eine Gratisaktion mit einem gut bewerteten Titel kann hier eine Chance sein, neue Leser und damit neue Verknüpfungen zu aktuellen Titeln zu gewinnen.

Gründelt Ihr Buch ohne Verkäufe im Keller des Shops dahin, und haben Sie kein Geld für bezahlte Werbeaktionen, dann ist eine Gratisaktion tatsächlich die einzige Option, Aufmerksamkeit beim Leser zu erringen. Sollte Ihr Genre „breit“ sein, also grundsätzlich sehr viele Leserinnen erreichen, dann schöpfen Sie das Potential Ihres Titels auch mit einer erfolgreichen Gratisaktion noch lange nicht aus. Ein guter Krimi oder Liebesroman kann durch eine Gratisaktion durchaus in der Folge ein zahlendes Publikum erreichen!

Anders ist es bei Nischengenres, für die vielleicht insgesamt nur ein paar tausend Leser stehen. Mit einer erfolgreichen Gratisaktion können Sie dieses Nischenpublikum eventuell komplett ausschöpfen! Und in der Folge noch weniger verkaufen.

Hat Ihr Buch einen Verkaufsrang innerhalb der Top zehntausend oder gar in den Top fünfhundert, sollten Sie mit Gratisaktionen sehr vorsichtig sein. Denn während der Aktion wird gar kein Kauf gezählt, Sie werden Ihren Rang also höchstwahrscheinlich verlieren.

DREISSIG

Vom toten Pferd steigen

Gerlinde schreibt Thriller mit stark akzentuierten Frauenthemen. Ihre Geschichten haben eine „Message"! Gerlindes Kommissarin trägt deshalb ein ganzes Bündel von Problemen mit sich herum: Sie war Missbrauchsopfer, kämpft mit diversen Traumata, ist alleinerziehend, verschuldet, trockene Alkoholikerin und wird von ihrem überwiegend männlichen Kollegenkreis gemobbt. Jeder Fall bedeutet für die Kommissarin einen neuen Albtraum und bringt sie an ihre ganz persönlichen Grenzen!

Gerlindes Thriller verkaufen mäßig. Zuwenig, um davon zu leben, zu viel, um damit aufzuhören. Gerlinde hat schon einige Covervarianten ausprobiert, aber keine scheint richtig zu ziehen.

Wann kommt endlich der Durchbruch? Gerlinde schreibt derweil an ihrem siebten Thriller („Die Nacht und der Tod"), in dem die Kommissarin wieder zur Flasche greift, weil ihre eigene minderjährige Tochter von rücksichtslosen Drogenhändlern süchtig gemacht und missbraucht wurde.

Georg ist ein intellektueller Geist, seine Freunde schätzen seinen scharfzüngigen Witz und vor allem seine Fähigkeit, frei drauflos zu dichten – Georg ist ein guter „Poetry-Slammer". Er ruft Gerlinde ein fröhliches „die Rundenzeit unendlich währt, sitzt man auf nem toten Pferd!" zu und widmet sich seinem eigenen Buchprojekt.

Das ist eine gereimte Neufassung von Goethes Klassiker „Die Leiden des jungen Werther", die Georg mit viel Ulk und manchen lüsternen Anspielungen in einen heiteren Schwank verwandelt. Da das Dichten Georg leicht von der Hand geht, hat er bald über dreihundert Seiten mit flotten Versen gefüllt. Voller Schalk nennt er sein Werk „Werthers Echte" und veröffentlicht es für Kindle – das muss einfach ein Erfolg werden! Vor allem, dass das Cover der gelben Reclam-Ausgabe von 1972 nachempfunden ist, muss Leser anziehen wie ein Honigtopf die Fliegen!

Sechs Monate später muss Georg feststellen, dass kein einziges Exemplar bei Kindle verkauft wurde; die Anzahl gelesener Seiten lässt sich an den Fingern einer Hand abzählen.

Aber mit dem nächsten Buch wird es besser klappen! Georg schreibt an seinem neuen Dichtwerk weiter, der großen Satire zu Faust, dem Ersten Teil mit Boris Johnson als Faust, Angela Merkel als Gretchen und Donald Trump als Mephisto.

Ich möchte zum Schluss meines Autorenguides zu einer Frage zurückkehren, die ich am Anfang gestellt hatte: **Was ist Ihr Ziel?**

Falls Ihr Ziel damit erreicht ist, ein Buch überhaupt veröffentlicht zu haben, dann erübrigen sich alle weiteren Gespräche. Das schaffen Sie locker, im Notfall mit professioneller Hilfe aus Autorengruppen bei Facebook – dann steht Ihr Buch im Shop und alles ist gut.

Falls Ihr Ziel sein sollte, genau die sehr persönlichen Geschichten zu schreiben, die tief in Ihrer Seele brennen, dann kann es sein, dass Sie nur wenige Leser finden. Sie sollten in diesem Falle, über eine anderweitige Geldquelle verfügen, um sich diesen Luxus leisten zu können.

Falls Ihr Ziel aber sein sollte, tatsächlich ein großes Lesepublikum zu erreichen, dauerhaft viele Bücher zu verkaufen und von Ihrer Autorentätigkeit zu leben, werden Sie mehr tun müssen, als einfach „Ihre“ Geschichte zu veröffentlichen.

Sie werden sich mit Ihrem Publikum auseinandersetzen müssen. Sie werden Ihre Leserinnen und Leser suchen, finden und ihnen ein gut gestaltetes, passendes Produkt vorlegen. Sie werden sich mit den Reaktionen Ihrer Käufer auseinandersetzen und die Bereitschaft aufbringen, von den Lesern zu lernen.

Es gibt keine Reaktion auf Ihr veröffentlichtes Buch? Dann haben Sie Ihre Leserin entweder nicht gefunden oder Sie haben sie gelangweilt – oder es gibt sie nicht. Sollten Sie gerade an einer vielbändigen Reihe schreiben, wäre das ein guter Zeitpunkt, innezuhalten und über neue Wege nachzudenken.

Ein sehr empfehlenswerter Weg wäre in diesem Falle, **vor der Planung des nächsten Projektes** im Shop zu recherchieren, ob überhaupt ein Publikum existiert, das sich für die Thematik, die Protagonisten und das Genre Ihres Romans interessiert.

Wenn Sie trotzdem gerne gegen die Wünsche des Lesepublikums anschreiben wollen, dann seien Sie sich bewusst: Dieser Weg ist dornig, und ob er zum Gipfel führt, ist mehr als ungewiss.

Erfüllt auch Ihr dritter Roman trotz aller Bemühungen nicht Ihre Erwartungen und ziehen andere Titel dieses Genres regelmäßig an Ihrem vorbei, dann ist es höchste

Zeit, sich kritisch mit der eigenen Arbeit auseinanderzusetzen.

Sind Ihre Bücher fehlerfrei, technisch gut umgesetzt und einwandfrei lesbar?

Haben Sie für eine professionelle Verpackung Ihrer Produkte gesorgt? Kann die Leserin Ihre Titel sofort erkennen? Passen Buchtitel und Cover in Ihr Buchregal? Gibt es überhaupt genügend Leser in Ihrem Regal?

Ist der Klappentext so geschrieben, dass die anvisierten Leserinnen in ihm sofort die Geschichte erkennen, die sie jetzt gerade lesen wollen?

Erfüllen Plot, Protagonisten, Recherche und Kulissen die Erwartungen des Lesepublikums?

Gibt es Reaktionen auf Ihre Geschichten? Lassen sich aus kritischen Rezensionen wertvolle Informationen gewinnen?

Was machen erfolgreichere Autoren anders?

Die meisten Autoren, die heute regelmäßig die Top 100 der Kindle Charts erreichen, haben sich irgendwann genau diese Fragen gestellt. Auch sie haben Misserfolge erlebt, auch sie haben feststellen müssen, dass das Pferd, auf dem sie gestartet sind, tot war.

Aber im Unterschied zu vielen anderen Kollegen haben diese erfolgreichen Autoren ihr Pferd gewechselt. Sie haben über Misserfolge gelernt, ihre Leserschaft mit Titeln, Covern und Klappentexten gut zu erreichen, sie liefern verlässlich Geschichten, die ihr wachsendes Publikum begeistert kauft und liest.

Wenn Sie merken, dass es auf der Rennstrecke

trotz aller Bemühungen nicht vorwärtsgeht, dann ist das nicht die Schuld des Rasens, der Schiedsrichter oder des Publikums. Dann sitzen Sie mit großer Wahrscheinlichkeit auf einem toten Pferd. Wechseln Sie es!

Glossar

ACOS: Ein Wert, der angibt, wie hoch Ihre Werbeausgaben bei **Amazon Advertising** im Verhältnis zu Ihrem Umsatz durch tatsächliche Käufe sind. Ein niedriger ACOS (unter 70 %) bedeutet in den meisten Fällen, dass Sie mit einer Kampagne Geld verdienen – ein hoher ACOS (über 100 %) ist ein Alarmsignal: Sie geben mehr Geld aus, als sie mit Buchverkäufen über die Werbung verdienen. Da Amazon die Leihen bei der ACOS-Berechnung nicht berücksichtigt, müssen Sie diese Umsätze selbst schätzen und dazurechnen.

Algorithmus: Ein oft sehr einfacher, stets wiederholter Rechenvorgang, der auf einen Satz von Daten angewandt wird. Für Autoren sind die Algorithmen interessant, die in elektronischen Shops wie etwa Amazon verwendet werden, um Produkte möglichst passgenau an potentielle Kunden zu vermitteln. Interessiert sich ein Kunde beispielsweise für einen Thriller, sollte Ihr Thriller vom Algorithmus erkannt und diesem Kunden präsentiert werden.

Amazon Advertising: das Amazon eigene Werbesystem für die Präsentation von Produkten im passenden Umfeld. Amazon Advertising erlaubt die Bewerbung von eBooks im Kindle Shop auf Basis von Stichworten und wird im „Pay per Click"-Verfahren abgerechnet – nur, wenn ein interessierter Kunde tatsächlich auf Ihren Titel klickt, wird von Ihrem Konto Geld abgebucht.

Amazon Prime: Ein Premium-Programm für Amazon Kunden, das neben Gratisversand und einem Musik- und Videoangebot auch ein auf einige hundert Titel pro Vierteljahr beschränktes Leihangebot von ausgewählten eBooks für Kindle enthält. Ein teils automatisches Ausleseverfahren wählt die für „Prime" geeigneten eBooks aus. Amazon bietet Autoren für die Dauer der „Prime Aktion" (drei Monate) eine feste Vergütung an und stellt nach Zusage des Autors das Buch in die „Prime Leihe", wo es von „Prime Kunden" gratis geladen und gelesen werden kann. Ob ein Buch dadurch in die Sichtbarkeit der allgemeinen Bestsellerliste kommt, hängt stark von den begleitenden Werbeaktionen von Amazon ab, auf die der Autor keinen Einfluss hat. Manche Titel in der „Prime Leihe" werden Top 1 Bestseller, manche spüren die Aktion kaum. Auf jeden Fall werden die Bestsellerränge durch eine neue „Prime Welle" kräftig durcheinander gewirbelt, oft steigen über Nacht dreißig bis fünfzig dieser Leihtitel in die Top 100 ein.

ASIN: *Amazon Standard Identification Number*, die zehnstellige Katalognummer, die jedes Produkt im Warenangebot von Amazon eindeutig identifiziert. Über den Link „https://www.amazon.de/dp/xxxxxxxxxx" lässt sich jedes einzelne Produkt, also auch Ihr eBook, direkt erreichen.

Author Central: Eine Website von Amazon, auf der man für bis zu drei Pseudonyme die Autorenseiten und zugehörigen Titellisten im Kindle Shop pflegen kann. Author Central bietet auch eine gefällige Darstellung der erreichten Bestsellerpositionen jedes zugeordneten Buchtitels.

CPC: *„Cost per Click"*, also der Einsatz an Euro, den Sie für einen Klick bei **Amazon Advertising**, Facebook-Ads oder Google Ads im Durchschnitt bezahlen. Im Januar 2020 liegt der durchschnittliche CPC bei Amazon Advertising nach meiner Erfahrung bei etwa zwanzig Cent.

CTR: Die *„Click Through Rate"* beschreibt das Verhältnis von Klicks auf die Menge an **Impressionen**. Wurde Ihre Anzeige bei einem Keyword 10.000 mal angezeigt und zwanzig mal von interessierten Kunden geklickt, liegt diese Rate bei 0,2 % – was nach meiner Erfahrung ein durchschnittlicher Wert ist.

Impressionen: Ihre Anzeige (also das Cover Ihres Buches) wird im Shop auf verschiedenen Flächen der Kundschaft präsentiert – immer, wenn ein Kunde Ihre Anzeige angezeigt bekommt, handelt es sich um eine Impression. Ob der Kunde Ihren Titel dann aber auch wirklich sieht, Ihrem Cover also Aufmerksamkeit zuteil wird, ist eine andere Geschichte …

KDP: *Kindle Direct Publishing*, ein voll automatisiertes System für die Veröffentlichung von eBooks und Taschenbüchern auf Amazon. „Voll automatisiert" bedeutet, dass dieses System sehr schnell arbeitet, Sie also innerhalb weniger Stunden Bücher neu herausgeben oder ändern können. Es bedeutet aber auch, dass nur ein sehr begrenzter Support seitens Amazon möglich ist, was sich in Antwortmails des Supports oft in kryptisch-automatisierten Sätzen äußert.

KDP Select: Um das eigene eBook in der „Kindle Unlimited"-Leihe anbieten zu können, muss ein Buch bei „KDP Select" angemeldet sein. Die Teilnahme an KDP-Select ist kostenfrei, bedeutet aber, dass Sie Ihr Buch exklusiv nur bei Amazon anbieten dürfen. Die Laufzeit von

„KDP Select" beträgt mindestens neunzig Tage und kann im Dreimonatsrhythmus durch einen Klick gekündigt werden.

Keywords: Mit dem geeigneten Lockmittel können Sie interessierte Leser zu Ihrem Buch führen. Das können bei KDP Begriffe wie „Liebesroman" oder „Paris" sein. Bei Amazon Advertising sind zusätzlich noch Autorennamen, Buchtitel und reine ASINS erlaubt.

Kindle Deal: Ein Angebot Amazons an alle Kindle Leser, bei dem meist ältere Titel unter fantasievollen Bezeichnungen wie „Wochendeal", „Monatsdeal", „Sommerdeal" oder „Herbstdeal" stark reduziert angeboten werden. Die Auswahl der „Deals" erfolgt teils automatisch, es werden allgemein besser bewertete eBooks bevorzugt. Die Autoren werden zu einem Deal von Amazon per Mail eingeladen und haben keinen Einfluss auf Platzierung und Bewerbung ihres Titels auf Amazon. „Deals" können sehr gute bis sehr schlechte Verkäufe erzielen, je nachdem wie der Titel durch Amazon auf der Website oder per Newsletter unterstützt wird. Es können bis zu fünfhundert reduzierte eBooks gleichzeitig in den „Kindle Deals" eines Monats stehen.

Kindle Unlimited: Ein Abonnement, das Kindle Lesern für eine Gebühr von 9,99 € im Monat erlaubt, beliebig viele eBooks auszuleihen und zu lesen, die von den jeweiligen Autoren für die Leihe freigegeben sind (siehe „KDP Select"). Derzeit sind etwas über hunderttausend deutschsprachige Bücher verfügbar. Die Autoren werden für geliehene Bücher pro gelesene Seite bezahlt, wobei die Ausschüttung etwa 0,003 Cent pro Seite ausmacht. Für ein 300-Seiten Buch, das komplett gelesen wird, erhält der Autor also etwa 90 Cent. KU lohnt sich also finanziell eher für umfangreiche Romane oder Sammelbände, in die Leihe zu gehen. **Aber:** Bei den Viellesern ist „Kindle Unlimited" zunehmend beliebt. Ein Blick in die Bestsellerliste zeigt, dass gerade bei Mainstream-Büchern, also Romanzen, Thrillern, Krimis und Fantasy, die „Unlimited"-Titel von diesen Leseratten profitieren und eine große Sichtbarkeit erreichen können – was wiederum zu mehr Käufen führt. Bemerkenswert ist auch, dass auf allen Apple Smartphones und Tablets innerhalb der Kindle Lese-App nur Unlimited-Leihtitel „gekauft" werden können.

Kunden, die diesen Artikel angesehen haben, haben auch angesehen: Die Vorstufe zu der begehrten „Kunden kauften auch"-Leiste, die anzeigt, welche anderen Titeln der Amazon Algorithmus Ihrem Titel zuordnet.

Kunden kauften auch: Die „Kunden kauften auch"-Leiste ist eine der vielen Ausdrucksformen der amazoneigenen Rechenmaschine, die im Hintergrund „passende Produkte" für ihre Kunden zusammensucht. An dieser „KKA"-Liste wird sichtbar, welche anderen Bücher Ihre Leser „auch" gekauft haben; und damit auch, welchen anderen Leserkreisen Ihr Buch eventuell empfohlen wird. Wird bei Ihrem Buch keine „Kunden kauften auch"-Leiste angezeigt, haben entweder zu wenige Kunden Ihr Buch gekauft; oder die Berechnung hat noch nicht stattgefunden; oder es liegt ein Darstellungsfehler bei Amazon vor. Es müssen ca. 30 bis 50 Bücher verkauft werden, um die Berechnung überhaupt möglich werden zu lassen. Diese Berechnung findet meist in bestimmten Zeitabständen zwischen drei und acht Tagen statt. Da die Darstellung des Amazon-Shops immer wieder variiert, kann unter Umständen in bestimmten Zeiträumen auch keine „Kunden kauften auch"-Leiste angezeigt werden – obwohl sie im Hintergrund sehr wohl existiert. Prüfen Sie dann Ihr Buch auch auf anderen Plattformen, zum Beispiel über Ihr Smartphone oder in einem anderen Browser

PPC: „Pay Per Click" ist eine gängige Methode der großen US-Internetunternehmen Amazon, Facebook oder Google, Werbeschaltungen im Web zu bezahlen – nur, wenn ein Kunde tatsächlich auf eine Anzeige klickt, wird auch der Betrag fällig, den Sie für diesen Klick geboten haben.

Premade Cover: Coverentwürfe, die von Grafikern auf gut Glück im Voraus erstellt und meist sehr günstig angeboten werden. Oft sind diese Cover sehr „typisch" für ihr Genre, was für den Verkauf im Shop grundsätzlich ein Vorteil sein kann. Suchen Sie ein sehr günstiges Cover für eine Mainstream-Geschichte oder einen Ratgeber, sollten Sie sich gute „Premades" ansehen.

Unschärfe: Da Amazon als weltgrößter Plattformanbieter über unzählige Rechenzentren verfügt, die nur ein ungefähres gemeinsames Bild ergeben, kann nie eine sichere Aussage über den exakten Zustand zu einem exakten Zeitpunkt auf einer Amazon Produktseite gemacht werden. So kann ein Betrachter in München bereits eine Rezension lesen, die ein Kollege in Hamburg noch nicht sehen kann; „Kunden kauften auch"-Leisten können in bestimmten Regionen verschwinden und unvermittelt wieder auftauchen. Bevor Sie den Support mit Anfragen bombardieren, sollten Sie Bekannte in anderen Städten bitten, den Zustand Ihrer Produktseite zu prüfen.

Welche anderen Artikel kaufen Kunden, nachdem sie diesen Artikel angesehen haben? Diese Liste unter Ihrem Titel im Amazon Shop zeigt die Titel an, die Kunden nach einem Klick auf Ihr Buch dann tatsächlich gekauft haben. Es empfiehlt sich, diese anderen Titel genau anzusehen – vielleicht versprechen sie Ihren Leserinnen ein besseres Leseerlebnis?

Impressum & Angebot

Johannes Zum Winkel Kreativberatung
Heynestraße 33
90443 Nürnberg

Coverabbildung:
depositphoto Datei-ID: 15773725
Urheberrecht: robertsrob

Über meine Website www.ebookboss.de können Sie weitere Informationen zum Selfpublishing und zu meinen Angeboten finden.

Printed in Poland
by Amazon Fulfillment
Poland Sp. z o.o., Wrocław

68495782R00132